照亮成长

让教育更有智慧

储朝晖 著

大夏书系 | 教师专业发展

华东师范大学出版社

目录

第一辑 解放学习的主人

教会学生自主学习 / 3

发现自己，规划成长 / 6

职业规划，从娃娃抓起 / 8

让孩子朝着健全的方向发展 / 10

防控近视须釜底抽薪 / 12

减负不能"花拳绣腿"，不能"单打独斗" / 14

假期，需要更开放性的学习 / 18

"三点半"后孩子的主要去向应该是社会 / 20

分班与解放 / 24

如何改善学生的被动型人格 / 29

第二辑 造就大国良师

慎做"名师"，要做"良师" / 33

专业阅读成就良师 / 37

大师起于心动 / 40

需要更多优秀人才当中小学老师 / 43

师范教育需要瞄准师资需求 / 45

教师群体负担加重，功利主义的评价体系要改改了 / 48

教师减负的关键是保障教学自主权 / 50

减负的关键在于建立现代学校制度 / 52

第三辑　改进教育教学

新旧文化中教学站在哪儿 / 55

教育惩戒权的边界在哪里 / 57

惩戒好比高悬的剑，未必真要刺中谁 / 59

让学生当众销毁手机，这样的教育秀当休矣 / 61

理性看待信息技术对教育的作用 / 63

音乐课该跨过"每课一歌 / 曲"这道坎儿 / 65

第四辑　激活基础教育

提高公办中小学活力具有重要意义 / 71

办与时代同行的高中教育 / 73

中高考新政下的中小学教育走向 / 76

好校长"动"起来，好学校才能"走"起来 / 85

谨防基层教育四大不良倾向 / 89

每所学校都可以办成有文化传承的学校 / 92

育才学校教育的现代性及其启示 / 97

第五辑　重视家庭教育

家庭教育有效的关键在于教会孩子"玩" / 105

家庭教育的边界与效力 / 107

劳动的生活就是劳动教育 / 110

让家长焦虑的是电子还是作业 / 113

警惕家庭教育被"绑架" / 115

学会自主规划，孩子一生受益 / 117

万言难以断亲情 / 120

第六辑　瞄准立德树人

我们离好教育有多远 / 125

满足人民美好生活对教育的需求 / 133

解决了教育问题，实现全面现代化才有可能 / 137

不忘初心，攻破立德树人难关 / 143

日新才能启蒙 / 146

新时代教育需要新理念 / 148

教育的本真跑到哪里去了 / 152

读《敬告青年》有感 / 155

第七辑　改进教育评价

目前的主要问题在管理和评价 / 159

"立"起多元专业评价才能真正破除"唯论文" / 165

教育评价改革关键在从"一"到"多" / 167

莫让综合素质评价落入"应试"窠臼 / 170

综合素质评价,如何评才合理 / 173

教育评价多元化才是减负的治本之策 / 175

第八辑　优化考试招生

实施"强基计划"须找准学生与高校优势切点 / 179

如何科学看待"强基计划" / 181

以更大的自主克服焦虑应对高考延期 / 183

高校如何利用复试自主权为保障公平担责 / 185

新高考要在遵从规律的前提下深化改革 / 187

改进高考招生让更多残疾人飞得更高 / 190

高职扩招效果取决于需求 / 192

教育公正需要持续不断地维护 / 196

高考改革关键仍在于招考分离 / 201

第九辑　实现大学内涵发展

高校内涵发展是必然的选择 / 207

新工科在于培养"未成人" / 210

新型大学建设的新"士"格 / 215

大学发展需解决好深层学理问题 / 217

思想家要靠思想土壤培育 / 220

"走教"的产生显示高校体制改革还有更大空间 / 222

PART 1

第一辑

解放学习的主人

教会学生自主学习

怎么教学生自主学习呢？这是在大量调查基础上提出的问题。先看当下学生的自主状况。从高校的情况来看，每年都有近1000万学生进入高校，不管是比较好的大学还是一般大学，现在都遇到同一个问题：学生在高中的时候很努力学习，但是进入大学以后就放松了，很多学生感到船到码头车到站了，没有自己的学习目标，没有学习动力。一开始还比较轻一点，仅是睡懒觉不吃早饭，现在越来越严重，很多的学生不光是不吃早饭，也不吃中饭，到晚上再起来点外卖，吃了饭以后打游戏，打完游戏再睡懒觉。很多的大学生就处在这样一种状态。

跟国际比较一下就显得差距很大，很多国家高校的学生很忙，中小学相对来讲负担比较轻一点。但是中国大学出现大量的学生在大学阶段找不到目标，没有自己的规划，也没有自己的专业发展的选择，长期把宝贵的时间，尤其是精力最充沛的时间段，用在睡懒觉玩游戏上面，没有用在真正的学业上。

这个问题为什么这么严重？事实上它是长期积累形成的，回顾一下这些学生中小学是怎么过来的就可以知道。实际上4岁是一个孩子自主性形成的关键时期，在此后的小学、初中、高中时段有多少时间自己去安排自己的活动是决定其后来自主性高低的一个重要因素。但是事实上现在很多的孩子在这十多年中已经形成了被动型人格。被动型人格的出现的基本特征是父母叫他干什么他很快就干了，老师叫他干什么他也很快就干了，父母和老师或者其他的成年人不告诉他干什么的时候，他就没有事干了，他不知道自己该去干什么。可以观察一下，没有进过幼儿园的孩子总是动个不歇，一会儿动动这个，一会儿动动那个，但是进了小学、初中以后的孩子，他想做的事就会越来越少，进了高中、大学的孩子更是这样，典型的特征是宅在家里不愿意与人交往，也没有自己生活的主题，不愿意去干什么，这一种状况就是形成被动型人格的表现。

当一个孩子形成被动型人格以后，他后来的生活、成长都会出现一系列的问题，遇到问题的时候他还是继续玩。2020年春季学校没有正常开学，不少已经进入高中的学生，还是只关注：老师你是不是给我出题了？你没有出题我就没事做了。老师你是不是给我判了作业啊？我做的题你如果没有判，好像以后就没有必要做了……这都是典型的被动型人格的表现，这种被动型人格会影响其终身发展，如果他身边没有一个人监督他，没有一个人支配他，没有一个人指挥他，他就不会干什么事。

这种人即便在高考当中考得好，因为每年的高中复习都是在老师的指导、监督下进行的，特别是有一些学校把孩子的所有时间都占得满满的，他未来的发展也不可能是很好的，这个状况应该引起警醒。

培养学生自主学习的能力要从幼儿园、小学、中学做起，不要把孩子的所有时间填得满满的，要让孩子能有时间和机会学自己想学的内容，做自己想做的事，发展自己想发展的能力。中学阶段尤其要消除"题海没志"的环境，让学生有条件了解自己、认识社会，给学生正常生成志向的环境与条件。有自主性才能正常生成志向，志向生成后又能维护自主性。

学习的根本目的是什么呢？不同的人有不同的看法，我的基本的看法是：学习的根本目的是提高人的生活质量，提高人的生命质量，让人有更广的视野、更大的能力去追求创造自己的幸福，也追求创造别人的幸福，追求创造自己和别人能够共享的幸福。中国古人表述的"士志于道，明道济世"这八个字，我认为最值得当下即将要考大学的学生去参考。"士"就是学习的人，学习的人的志向应该追求"道"，"道"包括真理、规律，包括人道和天道，人道主要讲人与人之间的关系，天道主要讲自然之间的规律。"士志于道，明道济世"，就是探究了规律、真理以后，再用它来解决社会的问题，创造人类幸福。大学生如果在大学学习了几年，依然是仅仅局限于学一点知识，而不知道做学问的大方向，那么这个大学就没有学好。

但是现实当中遇到的问题是什么呢？很多人又陷入了世俗的圈套里面去了，追求做人上人。最近流行说："如果你不好好学习，你怎么能够跟某个人去比拼？"这种教育对人产生伤害，让人丢掉自主性。

考大学本身具有工具价值，解决特定时间段的特定问题。现在高考还有社会层级提升的"电梯"功能，能够把考生分到不同的楼层，有的人就认为好像分到这个楼层就一辈子在这个层楼，所以现在高考的竞争压力很大。但是人类未来社会的发展肯定是走向越来越扁平，不同层之间越来越可以互通，不要过于看重工具价值，要有长远眼光。事实上，高考本身就是个门槛，你人生当中过这个门槛的重要性相对于自主学习而言是较低的。在大学毛入学率已经超过50%的情况下，当然尽可能进这个门槛，它对人的成长发展是必要的。

但是考上大学就没有人生目标是一个误区，需要每个人自主走出误区，对人生来说更有价值、更有决定意义的是保留自己的自主性。长期学习，终身学习，这对你未来的成长发展价值更大，意义更大。

一个人的成就是他的学习跟他的经历或时间的乘积，明白了上述道理后，在实践和生活过程当中要重视学生的自主性正常发挥，他只有一直是自主的，才能够充分地利用学校的条件与资源、家庭的动力、社会的机遇来发展自己。这次新冠疫情的发生对考生、对学校来说是一个挑战，同时也是一个机遇：让学生自主调节学习动机，自主检查自己的学习，找到自己的问题，提炼自己的问题并表达出来，提高自我认知，自主地去确定自己的学习目标，自主制订规划并监督自己执行规划；通过小组或社团培养孩子合作、规则制定与遵守的意识和能力，增强其自我实现感。

发现自己，规划成长

在人类起源的早期，智慧发展水平不高的时候，主要是认知外在对象。待人类进入智慧阶段，几乎中西先贤都认识到在人类发展中认识自己与认识外在对象同样重要，甚至认识自己比认识外在对象更难更重要。西方以 know yourself（一己之修明），中国用"为己之学"表达这样的意思。

每个人的成长发展与整个人类的发展相类似，个体认知能力发展起来后，主要认知的对象是外在的，很少去认知自己，只有那些智慧较高的人较早就开始以各种方式认识自己，大多数青少年对自己的认知不足，缺乏自知之明，并因此影响到自己的发展。

就业竞争的社会现实迫使职业规划从娃娃抓起。大学生毕业前夕才开始提供职业规划辅导的效果是非常有限的，难以从深层次解决就业的职业兴趣、取向、能力等问题，也不足以帮助学生明确今后的择业方向。因此，应该从幼儿园、小学就开始为学生提供职业体验的机会，为学生提供接触社会了解职业的机会，丰富学生们的生活，让不同学生在各自活动中找到自己的优势潜能和社会需要解决的问题，在两者间建立对应联系，进而自主建立清晰的职业规划意识。职业规划的起点是对自己的认知和对社会需求的认知，并找到这二者之间最优化的对接点。如果没有找到适合自己的这个对接点，即便读了不少生涯规划的书，上了不少生涯规划的课，也是枉然。

所以每个试图规划自己未来的青少年，在对自己的生涯进行规划的时候，首先要有意识地认识自己，并掌握认识自己的一些基本方法，不断提高认识自己的能力，在此基础上的规划才更有效。

通常，发现自己的有效方法是尽可能多地参与各种活动，勇于尝试，再看自己对活动的感情、兴趣如何。那些自己做起来感兴趣，不觉得疲倦，效果显著，有成就感的内容，就在一定程度上反映了你的真实。

而现实的情况是，由于各种原因，当下从小学入学到大学毕业，学生上的学校与社会分开，学生进了学校就缺少与自然和社会接触的机会，就很难了解社会的需求，没有社会活动的体验，缺少对职业的了解，没有发展起职业活动的能力，缺乏从事某一职业与就业的欲望。

教育评价标准始终侧重于要求学生拿高分，限制了许多学生在成长的过程中与现实社会的接触，忽视了学生参与社会的实践能力。这就造成了大多数大学生在临近毕业的时候并不知道自己想要干什么，仍然没有一个清晰的职业规划，生成不了与自己相适合的职业愿景。

因此，各级学校和学生自己都要认识到当下学校教育存在的问题，在生涯规划教学和学习过程中不只是把它当作知识课程教学，而是要做起来，玩起来。学生要以自己的亲身体验为依据，用生涯规划的学习资源服务自己的成长发展，在发现自己的基础上规划自己的未来。

这样的规划对不同学生不存在相同的方案和路径，对同一个学生也不存在一个一次敲定的方案或标准答案，不存在一劳永逸的生涯规划，而是需要每个人在不断认识自己、发现自己、建构自己、实现自己的过程中不断探索。对于生涯规划，每个人需要在探究真理、追求幸福的过程中，在自己已定方案的基础上不断去思考、修改、调整，从而获得新的生成。

及时让自己的规划跟上自己的发现，您的人生将会精彩不断。

职业规划，从娃娃抓起

随着近几年大学生就业形势的严峻，舆论对大学生就业情况格外关注。较长时间以来，很多人总是习惯将毕业生就业难归咎为企业招聘人数少、大学生眼高手低等，或者认为在即将毕业之际对大学生开展职业规划和就业指导的培训就能解决问题。其实，更深层次问题在于大学毕业生职业意识和能力与就业岗位的需求不匹配，而造成这一状况的原因又在于自幼儿园到大学经历的不当教育管理与评价。

从小学入学到大学毕业，中国的教育管理取向是将学校与社会分开，学生进了学校就缺少与自然和社会接触的机会，就很难了解社会的需求，没有社会活动的体验，缺少对职业的了解，没有发展其职业活动的能力，缺乏从事某一职业与就业的欲望。

同样，在十多年的教育过程中评价标准始终侧重于要求学生拿高分，而忽视了学生参与社会的实践能力。这就造成了大多数学生在临近毕业的时候仍然没有一个清晰的职业规划。也正是由于中国教育评价标准侧重于拿高分，限制了许多学生在成长的过程中与现实社会的接触，很多学生生成不了与自己相适合的职业愿景。

与之相比，世界多数国家在教育过程中都安排学生有充分的时间、空间和自主性参与社会活动。比如美国的中小学校有志愿者活动，日本的高中、大学允许学生去校外打工等。学生在学校学习的任何一个阶段都有随时参与社会活动的机会，并且在评价上要求有学生参与社会活动的情况以及效果的内容。学校教育与社会实践有机统一，学生在上学期间通过接触社会，能够形成明确的职业规划，或者说知道自己今后想要做什么。

中国现在的教育体制并没有与社会充分统一协调起来,这就导致许多大学生临近毕业的时候并不知道自己想要干什么。虽然一些大学开始在学生毕业前夕提供职业规划辅导,但是辅导效果有限,难以从深层次解决就业的职业兴趣、取向、能力等问题,也不足以帮助学生明确今后的择业方向。因此,应该从幼儿园、小学就开始为学生提供职业体验的机会,为学生提供接触社会了解职业的机会,丰富学生们的生活,让不同学生在各自活动中找到自己的优势潜能和社会需要解决的问题,在两者间建立对应联系,进而自主建立清晰的职业规划意识。

最后,大学不应与社会脱节,大学应服务于社会。长久以来,人们都习惯以科研和教学能力来评价一所大学的好坏,而忽视了大学需要培养能够服务社会的人,明确这个目标并落实到整体教学、管理、评价之中,而不是在学生临毕业时才去抱佛脚,大学生就业问题的解决才能更彻底一些。

让孩子朝着健全的方向发展

农村家庭之间的差距比城市家庭之间差距还要大,主要体现在这样两个方面:第一,文化层次的差别大。有的家庭,父母可能小学没有毕业,有的可能高中毕业,但也有更高的文化水平的。这就造成家长视野上、给予孩子积极的教育的程序上的差距。第二,家庭间经济状况差距较大,特别是一些偏远的乡村地区,不少父母连县城都很少去——当然现在有很多外出务工的人。总体上看,农村父母之间的文化层次与收入差距较大。

除此之外,还要看到,留在最底层的乡村学校的很多孩子,他们的父母的能力是相当有限的。他们的学习条件也普遍较差,在家庭里面没有相对独立的学习空间。

在农村学校,对农村孩子做学情分析,以上是必须考虑的大背景。然后考虑以下三个方面。第一个方面当然是孩子在学校的表现,它主要靠教师的观察,这种观察最好是具有连续性的。当年我从学校毕业当教师的时候,准备了一个本子,给每一个孩子留两到三页的空白,以记录每个孩子的表现,包括记录我所感受到的孩子的一些典型行为特征——要尽可能地抓住孩子的典型特征,不必长篇大论。第二个方面是孩子的学业成绩,你带哪一门课就应该有哪一门课的成绩,如果是班主任,则应该有孩子各科学业测验的记录。这都是最起码的。第三个方面是孩子交往中的反应。找准适当的机会,与孩子交流、对话,观察这些孩子的反应,这是了解孩子非常重要、非常关键的一个途径。

接下来就是做分析。

其一,学生现有的学业状况主要是什么原因造成的?如果他学习好,好的原因是什么？学习好，一方面是智力的原因，一方面是他确实有学习的兴趣和动力，还有一个方面就是他身边有一个引导他的同学、教师或者是家长。具体原因要搞清楚。如果这个孩子学业不好，也要找出不好的原因，弄清楚是家庭的原因、智力的原因还是其他原因。

其二，了解学生的交往情况。他与哪些人交往，这种交往给他带来些什么？总体来讲，现在农村孩子的生活都比较单调，所以如果有一个什么新的东西，就会像水或空气那样很快填充到他的全部生活里去。所以从这个角度来说，如果这个孩子对学习感兴趣，他可能有很多的精力用在学习上；如果他对学习不感兴趣，那么肯定有另外一个兴趣的指向。根据这个兴趣指向，你就可以更多地了解这个孩子会有什么表现。一般情况下，学生的精力用在哪方面比较多，就会在哪方面有收获，或者受哪方面的影响比较深。

现在很多农村的孩子对手机、对网络游戏很着迷，我认为主要的原因还是他没有足够丰富的生活，没有足够丰富的交往，没有引导他积极生活的内容和人。

分析很重要。前面我们了解的各方面情况可能是孤立的、具体的、表象的，而分析要用到逻辑学、心理学、教育学，还有其他一些理论知识。在这方面还没有一个标准的模式、标准的答案。要分析学生的主要的特征，但还不能形成结论性的判断。在这个基础上，可以通过一些活动，通过跟这个孩子的互动来印证、验证自己的观察，加强引导，不断激励，让孩子向着更加健全的方向发展。

需要注意的是，在很多时候不能够用全班统一的方式，而是需要跟孩子进行个别的交往，尤其是对那些比较内向、自信不高的孩子，需要更多地尊重，保护他们的自尊，让他们感到你是可信赖的，这样你才可能了解到他们的内心。现在在农村做家访可能比较难，不妨变通一下，从学生的同伴、邻居了解情况，形成必要的信息补充。

防控近视须釜底抽薪

教育部、国家卫生健康委、财政部等八部门联合下发了《综合防控儿童青少年近视实施方案》(以下简称《方案》)。相比此前的"征求意见稿",《方案》在多处给出了更为严格的规定。比如,明确规定"控制电子产品使用""增加户外活动和锻炼"等。

围绕中小学生的近视防控问题,我国有关部门其实已经发布了不少文件。比如,2008 年教育部就印发了《中小学学生近视眼防控工作方案》等。这次的《方案》较之前的相关文件更加突出了两点:一是儿童青少年的近视问题获得了更高程度的重视,这一次是教育部等八部门联合下发文件。二是《方案》明确强调政府责任,即"将儿童青少年近视防控工作、总体近视率和体质健康状况纳入政府绩效考核,严禁地方各级人民政府片面以学生考试成绩和学校升学率考核教育行政部门和学校",这样的力度是之前没有的。

重视程度不等于实施效果,光有《方案》还不足以根治儿童青少年的用眼问题。我国各级各段学生的近视率持续上升,儿童青少年近视率居世界第一,问题确实已经非常严重了。据统计,目前我国儿童青少年近视眼人群高达 4.2 亿人,其中小学生近视比率为 48%,中学生为 70%,高中生则高达 85%。

有人简单认为,造成我国儿童青少年近视比率高的原因是长时间沉迷于手机游戏。这只是直接表面原因,更深层根本性的原因在于过度集中单一的评价迫使学生长时间被动用眼,繁重的学业导致我国儿童青少年用眼过多。现阶段,我国教育的评价体系依然以学生的分数和排名为主。这就导致无数学生为了获得更高的分数和更好的排名而不得不长时间在室内学习,甚至学一些他们本身就不感兴趣的内容,进而导致他们"被动地"用眼过度。长此以往,不仅造成他们的眼睛近视度数提升，而且还使得很多学生失去了独立自主、独立思考、独立判断的能力，一味地死记硬背所谓的"标准答案"。

与中国不同，在美国、日本等国家，学生在儿童青少年时期并不完全以读书学习为主。事实上，很多国家都在教育的过程中为学生安排了充分的时间去接近自然和参与社会活动。比如，美国的中小学校有志愿者活动，日本的高中、大学允许学生到校外打工。这些活动看似与学习无关，但却丰富了学生的学习生活，使得他们在求学阶段并不完全是天天在教室中读书学习。外国学生在做作业和做各种练习题上的总体时间要比中国学生少，并间接地降低了他们"被动地"近距离用眼的时间。

尽管《方案》在一定程度上将有助于降低儿童青少年的近视问题，但仅仅如此还不够，只有改变现行的学生评价标准，以及使学生的学习生活扩展到教室以外的地方，才能够彻底解决我国儿童青少年近视的问题。

减负不能"花拳绣腿",不能"单打独斗"

2019年6月,中共中央、国务院印发了《关于深化教育教学改革全面提高义务教育质量的意见》。在新的政策背景下,已经说了几十年的减负需要有新的解决方式,为此多个省市制定中小学生减负的相关政策,孰料政策文本一面世,各方的反应各不相同。其中一篇名为《南京家长已疯》的网文刷屏,文中列举了南京正在进行的为中小学生减负的政策,最终却得出了"减负=制造学渣"这样一个让人"惊悚"的结论。

一、减负是个真问题

为中小学生减负在社会上引起不同反应的原因在于不少人认为减负不利于孩子成才,把减负等同于不让孩子努力学习,甚至有一些人在没有对日本的教育完整了解的情况下宣称日本曾经实施的减负导致教育失败来渲染氛围反对减负。

是否需要减负的依据在于中国学生究竟有多少学业负担,有没有阻碍学生成长发展和身心健康的负担,如果有,减负就不仅要进行,而且必须进行。在现实生活中,中小学生学业负担重的现象随处都有感知,各种国际比较也显示中国中小学生学习时间过长,学习效果较低,户外活动过少,合作能力不足,身体状况较差,近视率特别高而且还在增高,这些都显示对于中国的学生而言,减负是个真问题,是个必须下大决心解决的问题。

为孩子减负,家长缘何不"买账"?减负喊了几十年,为何仍跳不出"怪圈"?从历史上看,中小学生的学业负担还在不断加重。纵观中国教育改革多年，都是在局部时段、局部领域解决局部问题，缺乏从整个教育体系和人的终身成长发展视角寻求解决方案，因此学生学业负担问题才没有得以根治，反而造成了评价标准越来越单一，评价权越来越集中。要从根本上为孩子们减负，需要政府、学校、家庭多方形成合力。想要实现更深层的减负，需要整体推进教育评价机制改进，不能仅仅停留在考试制度改革上，招生机制和评价管理机制的改革也要同行。

二、找准病因，推进多元教育评价体系

几十年来，关于减负的文件发过一堆，近几年的文件下发更加密集，但学生负担不但没有减下来，反而呈逐年增加态势，就说明过去那些减负措施没有找到关键点，没有解决关键问题，效果也没有得到社会认可，包括整治培训机构、不能超纲超前教学，都没抓到关键点，而且可操作性不强。

首先要判断学生负担重的根源在哪里。经过系统分析不难发现，学生负担重的根源在于依据过于单一的评价标准进行升学选拔，出一点问题就进一步上收评价管理权，使得管理评价的权力过度集中，集权管理评价理念根深蒂固。虽然从1977年恢复高考以来，制定了很多政策来修正这一问题，但实际上还是在用各种措施细化、强化和修补原有管理体制。在这样的教育管理和教育评价之下，学生只有分数考得更高，才能进更好的学校。这就使得所有学生都必须比拼单一标准下的考试分数，从而造成了学生负担过重。综观当下，孩子的多样性和独特性、社会需求的多样性与单一的考试评价标准之间形成矛盾、冲突，即考试评价的权力过于集中、评价标准过于单一与学生天性多样性之间的相违才是学生负担重的根源所在。教育评价多元和自主选择是减负的治本之策。在多元自主评价下，学生便可根据自己的兴趣爱好自我发展，减少学习的被动性以及由此带来的学习压力负担过重。

同时，可以实施分级评价，在评价一名学生时，学校教师占一定权重，学生所毕业的学校和招生的学校也占一定权重。毕业学校与招生学校对学生的评价可以进行相互检验，让评价更接近于真实，更接近于学生学业的原本状况。

三、招考分离是建立多元评价招生模式的第一步

在现有的体制基础上，中小学减负要迈出的最关键、最有效的一步就是高校招生的招考分离，即要完整地实施《国家中长期教育改革和发展规划纲要（2010—2020年）》所确定的"招考分离"。在2013年《中共中央关于全面深化改革若干重大问题的决定》也完整表述了"招考分离"。但在2014年印发的《国务院关于深化考试招生制度改革的实施意见》中"招考分离"被抽调了，于是体制性弊端和按高低分数排队等老问题没得到解决，又产生了不少新问题。浙江和上海招生改革试点表现出的问题纷繁复杂，未能将"招考分离"纳入高考改革是其中的关键。

不能抽象地谈减负，而是要找一个可以在现实中实现的通道。当前减轻学生负担可操作而有效的方案和措施，最关键的就是实现"招考分离"。实现"招考分离"以后，中国现有两千多所大学招生时都有自己的诉求，多样的诉求构成其招生的标准，实际上就有了两千多种标准，这样就跟学生多样性的天性更趋吻合，学生就没有必要跟着单一的考试评价标准去比拼。有了多元的评价标准，学生就感到天生我材必有用的自信，相信只要按照自己的兴趣爱好去学习去发展，将来总有一种标准是符合我的发展的，学习的自主性就会大大增强，负担自然减轻。

还是以文化接近的日本为例，日本的大学入学考试制度可以说是统一性与灵活多样性并存的。日本有文部省举行的中心考试，另外还有三类考试都可以作为学生进入大学的参考依据，也有各大学的个别考试，评价标准多样使得学生的负担相对较轻。如果能够实现"招考分离"，将统一考试作为一种参考依据，而不是分分计较，那么学生负担就会很大程度减轻，减负就能有效落实到位。因此，进一步深入推进高考招生制度改革，建立高校多元招生模式，不能单纯以考试分数来评价学生，完整落实《国家中长期教育改革和发展规划纲要（2010—2020年）》，减负才能走出稳妥有效的步子，既能使学生拥有更大的学习自主权，学校也可能根据自己对教育的独特理解和自身条件办出特色教育。

四、多方合力，各司其职

减负不仅仅是一个教育问题，还是一个社会问题，需要多方合作、共同努力。

首先，家长要树立长远的、关照到孩子终身发展的教育观。要对孩子有理性的判断，不要给他们太多课业和排名上的压力。当用同一标准进行要求，用相同内容进行测试，就总会有学生在前，有学生在后。孩子的人生本应是多姿多彩的，而家庭作为孩子成长的第一所学校，不应无视孩子的天性，只关注读书升学这一件事。

其次，政府和学校在办教育中要各司其职。舆论关切学生负担过重，教育主管部门就印发政策回应一下的模式显示收效不佳，没人跟进。行政权力应尽可能减少对教育的干预以及过度集中管理。要划清政府和学校的边界，尊重教育发展规律，尊重和信任专业的教育人员，真正让专业的人做专业的事，让当事人有当事权，让决策来源于专业判断而非行政领导的拍脑袋。

再次，学校要提供学生展示才能的舞台，办出各有特色的多样化学校。不要搞过于频繁的考试和排名，它会严重摧毁学生的学习兴趣和自信心。教学本身当然需要评价伴随，但频次适度、标准多样的评价才有利于改善学生的学习过程。单一标准考试、排名不宜频繁，多则必滥，对师生造成过度且不必要的干扰。

减负是大方向，但怎么减是真问题。减负不能"花拳绣腿"，减负不能"单打独斗"。没有触及问题的症结与根本，总是玩文字游戏，不会有太大起色。评价权力集中的坚冰不破，在单一的评价体系中，用行政手段进行减负，还是会陷入执行难的怪圈，不可能让学生真正轻松下来。

假期，需要更开放性的学习

随着春节假期的到来，不少学校给学生布置了"特色作业"：让学生通过研究自己的姓氏文化来寻根问祖，让学生采访自己的长辈，撰写一份自己的家族发展史……教育实践的背后是教育理念的支撑，教育者希望通过这样的"特色作业"给孩子带来怎样的成长力量？

学生的寒假生活不应被无休止的补习班占据，而应该依据学习的节奏性和人的学习规律，依据假期的价值安排假期里的活动。寒假恰逢春节，应让孩子在以下几个方面有更多的发展：

在走亲访友中学会交往。对成长中的孩子而言，和亲友的交往本身就是一个很好的学习过程。我国古代的一些文献记载和现在世界上各个国家的儿童教育，都非常重视孩子与他人交往能力的培养，在这个过程中可以学到尊重、理解、礼貌、感恩等在学校里难以学到的很多内容。寒假正逢春节，是民间合家团聚、走亲访友的好时机，让孩子在大家庭中和其他人沟通相处，享受亲情，也是一种成长。

在户外活动中接触自然。小学阶段是孩子对自然最为敏感的关键期，现在大多数孩子的生活是家庭学校两点一线，没有接近自然的机会，就会错过对自然感兴趣的最佳时机。尤其生活在城市中的孩子，和自然接触的机会更少，生活阅历不够，不了解自然中的一些基本的现象、特征和规律，这就会影响到他们学习的完整性。尤其是缺少体验就会限制他们的想象，接收知识的渠道停留在书本或者网络，未来的发展必然受到局限。

走进社会、了解社会。中学阶段的孩子对社会最为敏感，是了解社会、发现社会问题的最佳时期，而现在这个年龄段的很多孩子成天做题考试，对社会了解太少，生活的轨迹主要定位在从家庭到学校的两点一线，这就使得他们很难发现一些社会问题，更难去实际解决问题，因而缺乏进一步学习的动力和确立人生目标的基础。我们经常会听到一些学历很高的博士生被比他年龄小学历低的人骗的案例。为什么会这样？就是因为他们社会经验不够，判断能力、鉴别能力、交往沟通能力欠缺。

在国外，父母、老师都特别注重让孩子了解自己的家族史。比如，在日本，很多学校都会布置这样一项作业：让孩子画出自己祖上各代的图谱，写出从父辈上溯到祖辈的名字，并研究他们的生活经历、在某一方面的突出表现及对社会的贡献等，做成一个家族树形图谱。这样做的价值是可以让孩子系统地了解认知自己家族的发展演变历程，并从中更加深刻具体地认识自己。因为每个人第一个重要的特征就是他的先天遗传特征。通过家族图谱，可以让孩子了解他的家族的人所从事的职业，以及在哪一方面有优势潜能等，这是孩子自我认知的一个重要依据；另外一方面，通过这些事迹，让孩子了解到他的家族从历史一直发展到现代，这是一个很不容易的过程，是经历过艰难波折的，甚至有很多人做出了很大的牺牲，这就可以增强孩子对生命的尊重，对家族的责任感。

可喜的是，现在一些学校已经摆脱了单一知识化的作业布置，让寒假生活更多地和学生的生活发生联系。生活教育所强调的教育范畴和生活范畴是相等的，而不仅仅是在学校里，教育是生活相对于时间的函数。简言之，生活在经过某一段时间以后就是教育；而教育又是生活的变化，生活若没有变化，其教育的含金量就下降。所以，寒假时光中，要将孩子从局限于知识类的课外班中解放出来，让他们徜徉在丰富多彩的生活大课堂中，通过更开放性的学习，汲取更多的智慧和能量，为未来成长发展奠定更宽厚的基础。

"三点半"后孩子的主要去向应该是社会

随着中小学生减负工作的不断推进，不少地方把小学放学时间提前到了下午三点半，随之而来的是孩子放学早与家长下班晚之间的矛盾。

2017年2月，教育部印发《关于做好中小学生课后服务工作的指导意见》，要求各地充分发挥中小学校主渠道作用，普遍开展中小学生课后服务工作。这之后，安徽、重庆、宁夏等地陆续根据各自实际提出了工作要求。

2018年3月3日，时任教育部长陈宝生在全国两会上就"课后三点半"问题表示，《关于做好中小学生课后服务工作的指导意见》印发一年来，"课后三点半"问题已有一定程度的缓解。他指出，接下来，一要总结成功的经验加以推广，二要和有关部门协商解决"三点半"难题涉及的相关政策问题。比如学校三点半到五点托管孩子，老师的劳动时间加长了，负担就加重了，相应的成本怎么分担？相应的劳动法规问题怎么调解？

据媒体报道，各地的具体措施包括：上海规定中小学课后服务要做到百分之百全覆盖，服务的时间是下午三点半到五点，参与这项服务的老师在绩效工资方面给予倾斜。北京规定下午三点到五点期间是课后服务时间，主要内容是开展课外活动，每个学生每年补助700到900元。南京探索了一种弹性离校时间，到了放学时间孩子可以弹性离校，学校做出安排进行托管。广西探索利用社区资源来解决托管问题的路子。

解决"课后三点半"问题首先要明确基本原则，就是儿童利益优先，儿童成长为本，避免进入简单考虑家庭、社会、学校、政府间责、权、利的纠葛。简言之，在哪里对儿童成长发展最有利，就应该让孩子到哪里去，以如何更有利于儿童健全成长发展为根本原则，同时因时、因地、因人制宜，避免在政绩冲动下盲目下发指令，搞"一刀切"。

综合考虑当下中国儿童发展与教育的现状和问题，小学生放学后，对他们最有利、他们最需要去的地方是社会，各方面要创造条件让孩子走向社会。

众所周知，中国学生在学业上的付出与获得之间严重不对等，这一点在国际学生评估项目（Program for International Student Assessment，简称PISA）的评估结果中得到了验证。

该项目由经济合作与发展组织（OECD）统筹实施，每三年举行一次，主要对15岁学生的阅读、数学及科学素养进行评估，考察他们能否掌握参与社会所需要的知识与技能。2012年的PISA结果显示，上海学生在65个国家和地区中成绩第一，作业时间、课外补习时间也都排名第一，但是问题解决能力排名却倒数第二。2015年，在中国学生学业负担整体上没有减轻的情况下，由北京、上海、江苏、广东四省市组成的中国部分地区联合体参加该评估的总分，在72个国家和地区中跌为第10名，其中阅读排名第27名，合作解决问题能力和对学校的归属感两项分数中等偏下，相对合作能力的分值为倒数第5名。

上述基本事实说明，中国学生的社会性发展存在明显缺陷，社会活动与合作能力过低。现实生活中我们也能看到，"宅男""宅女"型的孩子越来越多。而世界发达国家和地区的教育对学生的评价早已不是仅仅看学业成绩，而是仅把学业成绩作为基础，同时将社会活动作为躯干，个人特质作为塔尖。尤其是世界顶级大学，它们招生时必然考察学生的社会活动情况，希望招到什么都做、什么都能做好的孩子，更注重考察学生在社会活动中是否表现出了激情、领导力、信念、雄心、愿景、人际交往技巧，看学生是否能深入思考、敢于行动和改变世界。

在课堂和学校外选择做什么，是一个人对信念、兴趣和未来抱负的表达，而当下中国孩子普遍缺少这种表达和形成这种表达的空间。如果采取多数人比较倾向的那种延长学校看护时间的方式解决小学生的"课后三点半"问题，将进一步泛化学校的功能，加重师生的负担，降低学校的效能，减少孩子们接触社会的机会，令他们丧失对自然和社会的直接体验，将他们原本就太少的接触社会的时间压缩得更少。这显然更加不利于儿童的全面成长和发展。

有人或许要问，学校是用纳税人的钱建立起来的，为什么不能延长开放时间，来看护那些因父母尚未下班而不能接走的孩子？学校适当考虑家长的接送方便当然是应尽的责任，但不能因此而淡化学校教育的本质、目标而成为一种制度性安排，就如同教师要准时上下课，不能迟到和拖堂那样，不准时放学也是违反教学规律的。

问题的关键还在于，现在的孩子每天在校时间都超过 8 小时，以任何一种方式建设学校都不可能将其功能建设得超过社会的多样性，具有社会那样的真切性，能够发挥社会对孩子成长发展所能发挥的教育功能。过长时间把孩子置于封闭的学校，容易令他们的生活内容过于单一，对学校生活增加厌烦，缺少对社会生活的体验，加上在学校的活动内容有限，将造成他们的性格缺陷，令他们此后的成长发展受到局限。不论对家长还是孩子来讲，这都是得眼前小利而损失长远发展可能性的选择，可谓得不偿失。

一些人担心，将孩子放到社会上自主活动对他们来讲是不安全的，认为孩子只能在学校和家庭两点一线的空间里生活，要么在学校，要么在家庭，父母没有时间看管的时候就应该交给学校。这是一种观念误区。及早让孩子进入社会，能在他们成长的关键和敏感时期有效发展他们的社会性和各种社会能力，若老是将孩子放在成年人的手心，这些能力就不能得到有效发展，以后也难以充分发展起来。事实上，现实中不难看到大量已经成年但社会能力极为低幼的人群。

小学低年级学生参与社会活动时，确实需要成人在一旁做好安全保护，但保护也不能过度，乃至于成为束缚。事实上，三年级以后的孩子，就应该放手让他们自主行动，要给他们更多的信任、时间、空间；时刻加以限制，容易造成他们的自主性被严重束缚和伤害，养成当下已经很普遍的被动型人格。

我曾在 10 岁时独自一人走了 40 多华里山路，探望一位想见的忘年朋友。当时父母坚决反对，我还是冒着酷烈阳光出发了，被探望的人当时 50 多岁，见到我时十分意外，随后和我一起到附近山涧钓鱼，钓得的鱼被我们一起煮着吃了，其美味至今记忆犹新。这次坚决的自主行动让我获得了更大的自信、更多的友谊，还学会了辨别山路，学会了在岔路口不知向何方走的时候就地等候，向路过的人问路。这些都是在学校里几乎不可能在一两天内学到的。

让学生放学后走向社会当然需要条件。第一只拦路虎就是现有只看考试分数的教育评价体系，这样的评价体系不改，学生离校后，家长还会把孩子送到这样那样的培训班。同时，还需要增加社会各方面对中小学生参与社会活动的接受度，以各自适合的方式接纳学生参与相关活动。这是一项整体的社会建构。

在建立专业教育评价和增加社会对儿童参加社会活动接受度的基础上，让"三点半"后成为学生自主参与社会活动的时段，利用这一时段有针对性地解决中国孩子社会性发展不足和社会活动能力发展严重滞后的问题，才是上好的选项。政府、家庭、社会、学校需要形成共识，共同创造条件，确保孩子能安全顺利地去自己想去的地方，玩自己喜欢玩的游戏，参加自己喜欢的运动，探索自己有兴趣的问题，学习自己想学的内容，充分利用这段时间发现自己，发展自己，最终成就最好的自己。

分班与解放

（一）

1978年是我个人发展的一个非常重大的转折点。1977年恢复高考以后，安徽省由春季招生改为秋季招生。于是我们初二念了三个学期，到1978年夏才念完，秋季升入初三。

1978年3月，学校开始策划对初中的三个平行班进行再分班，分班的依据是对所有学生进行一次语、数两科统一考试，按考试的总分来重新划分班级。分数高的分到一班，分数居中的分到二班，分数低的分到三班。

考试结果，我两科比较均匀，都考了70多分，进入到一班。分班后又进行分组。按我的测试成绩，又进入到12个成绩比较好的好组。当时我的内心发生了很多变化。以前，我做自己喜欢做的事，看了很多自己喜欢看的书，坚持写日记。但是我的学习成绩在班上只是中等，从来没有拿过第一名，我也从来没有在意过自己的学业成绩是否能拿第一。进入到新的班新的组以后，自然地给自己增加了压力。过去可以由着性子，但是进入了这个好班好组之后，就暗中存在着"不能够掉下去"的心态，所以用了更多的时间在学业上，也就自然丢掉了自己原本喜好的学习内容和方式。

中考时，我们那个学校总共130多名学生，所有学生都填报中专，因为当时念完中专以后就有铁饭碗了。我是唯一一个填报高中的，这点算是随了自己的性子，考入当地的重点中学重点班。

1978年的分班，是我人生的一个岔路口，如果当时不分班，我就没有那么大的学习动力，就不可能进重点高中，上大学，也就不可能从一个农民的孩子，转变身份来到后来的工作岗位上去。

几十年后回过头来看那次分班，发现它产生两个效应。一个效应是分班让我们这些学生走上两条不同的路。当时分到二班三班的学生基本上都没有考上高中，更别说上大学。另一个意想不到的效应是，同学们对后来进入的这个初三一班没有太多的感情，对当时学校几乎集中到这个班的最好的任课老师也没有太多的感情。因为在这个班上包括老师和学生都是奔着考试去的。反而是对初三以前的班级比较留恋，师生与同学间的交往也比较多，感情也比较纯真。

（二）

1981年，我又进入人生另一个重要的转折点，可以以解放来表述。

我的家乡是一个做鞭炮的地方，当地经常从上海、南京、武汉拉一些旧书来做鞭炮筒子。车子拉到家门口，就有人叫我们小孩子帮忙装卸，不给工钱，但是可以在里面找喜欢看的书，拿一两本。因此，在初三之前，在跟随爷爷上山放牛的同时我看了很多书，印象深刻的有《盐铁论》、郭小川的诗，各种各样都有。有时我朗读，我爷爷在一旁听，还能矫正我的不少白字。

进入初三、高中基本上没有时间看课外书，反反覆覆都是考试、做题。1981年我参加高考，阴错阳差，我本来语文成绩比较好，但是高考我的语文才考了53分，物理则考了接近90分，所以后来读的是物理系。

当年我的考试分数上了本科线，却又遇上安徽省刊登招生简章的《安徽青年报》把徽州师专整个给漏掉了，安徽省就没有学生报考这个学校。于是这所学校在本科学生里面招生，包括我在内的很多学生以够上本科的分数被录取到徽州师专。

当时我们都很郁闷，不同的人有不同的解闷方式，我的办法是读书、写作，很快就在校刊上发了一首十六字令和其他稿子。恰在此时，批判了30年的陶行知平反了，看了一些陶行知的文章，感到与自己从初三到整个高中所遇到的为考试而学的很刻板化的内容不一样，就对陶行知有了兴趣，我又回到了初三之前看杂书的日子，摆脱了被应试教育所束缚的日子，进入新的自主状态。

自从接触陶行知以后，我有了解放的感觉。就好比在以前认为没有任何路的"山野"里，我能看到有人曾经在这里走过，原来这里这么空旷，这么开阔。这让我迷上了陶行知思想，迷上了陶行知研究。正是因为有这样一个解放，决定了我后来走的路跟我当时的很多同学不一样。

受到陶行知思想影响，在大学我没有把全部精力用在学习学校规定的课程内容上，而是用了很多时间到社会上去做调查。我跑过学校周边的20多家工厂，了解工厂需要什么人，学校的毕业生是不是可以满足它们的需求，及工厂内部对职工的教育的情况。我还联系其他五个同学在1983年暑假为两个工厂办工人文化补习班。

因为思想的解放，我学的东西，做的活动，跟其他思想没有解放的同学是不一样的，数量、方式和内容上都不一样，这是个重要的改变。

当然我这样做也遇到一些障碍。我们班辅导员老师质疑我为什么不在学校里学习，而是经常到外面去跑，我们系主任找过我好几次，批评我专业思想不牢固，说"国家规定你学什么你必须学，不能够再干其他的事"。但我觉得自己得益于思想解放，而不是在遵照某一个模式去把学业搞好。2011年，我见到了当年的系主任孙世泽老师，他见面跟我讲的第一句话是："储朝晖，我向你道歉！"他说："我当年跟你说的那些话都是错的，我现在明白了，培养人就要依据他的兴趣爱好来，而不是先定一个标准，画一个框。"

（三）

人生历程中，分班和解放又何止一次，事实上它是每个人都可能多次遇到的一种机制，对我来说也是一个不断进行的过程。

我跟同学比较，一个很大的差异是其他人可能更看重分班，依赖分班，我则在不断解放。我的一些同学每进到一个新的分班环节，不是去解放，而是加了一层自我约束。比如有的同学考入大学或进入新的岗位后，就用他脑子中大学的概念或"乌纱帽"来规范自己的认知和行为，按照大学或官场的要求、按照外在的要求来决定自己的行为，不敢有所超越。从大学毕业进入社会，这些人又按照"社会规范"去做事，进一步失去解放的机会，又进入到新的套子里。做官的按照官场的那套来，进入到一个新的束缚里，从商的用商业逻辑来决定自己的一些言行，也是让自己进入到一种新的束缚里。这种社会束缚很多。尽管自然界与社会有很多新的信息，新的变化，新的发展，但是很多人在人生路上一步一步进入到越来越狭小的圈套里去了。

在我的人生经历当中，有经商做生意的机会，也有做官的机会，我都没有去，不想进入这样的套子。我有自己的"班"，但与别人不同，不是一步一步地让自己变得更受束缚，而是坚守自己喜欢做的事，自己认为有价值的事，然后思想尽可能放开，尽可能不要存在一个固化的圈子、固化的束缚。有了新的证据就一步一步走出圈子，一步一步走向解放，才能够更好地发展。发现一个新境界的时候，思想意识等各方面应该重新生成以匹配这个新境界，而不应该受到已有东西的束缚。所以，我觉得解放是一个长期的、不断进行的过程。

改革开放40多年，社会进程是极端复杂的，并不一直是解放的过程，实际上是封闭与开放、保守与解放相互矛盾、相互冲突的过程。在这个过程当中，不同的人吸收到的，接收到的，或者是想要的东西是不一样的。

从分班这个角度来说，它事实上是给不同的人不同的机会，每次分班是有一定合理性的选择。但是分班本身实际上是对整个社会进行分层，是中国社会发展进程中等级社会进一步形成与实现的过程。这个过程本身就改变了不同人的命运，事实上是在安排着不同人的命运。分班实际上是形成一种新的规则、新的秩序、新的规范，造成一些新的社会状况，造成每个人社会位置的变化；这个过程本身也造成教育的新的状况，对教育也是一种新的束缚。

如果教育仅仅是沿着分班这个逻辑走下去，又是对教育的束缚。在这种状况下，教育能不能有新的改变？实际上需要的是一种新的解放。但是，教育要实现这样的解放，特别是改革开放以来要实现这样的解放，依然是一个艰难的过程，依然是一个很难实现的过程，这也是我们当下教育遇到很多难题，长期难以得到解决的重要原因。

所以从这样一个历史进程来看，我们现在的教育依然处在分班与解放相互矛盾、相互冲突的过程中，现在一些教育问题的解决和教育品质的改进，依然在这两种思维之间。怎样选择，怎么规范，怎样去进行相互之间的勾兑甚至是相互之间的程序安排？我们需要在这些方面下功夫。

　　解放是一种新的动力，如果没有这个动力，那么我们以后的教育就不可能有新的发展。

如何改善学生的被动型人格

中共中央、国务院和教育部多次发文对在校学生的家庭作业和在线教育等问题加以规范，旨在减轻学生负担。近期我去多所学校调研发现，各地教育主管部门为落实文件做了很多工作，公立学校的补课行为得到规范，但学生的假期依然被各种类型的活动填得很满，难得空闲。

无论教育部门采取什么措施，如果学生无法得到自主支配的闲暇时间，要保障学生的身心健康依然很难实现。

从身体来说，近视、肥胖、耐力偏低都是长期困扰青少年的健康问题。从心理来说，在单一评价标准下，学生学习的知识过于狭窄，视野过于狭隘，更突出的问题是"培养"出了被动型人格。所谓被动型人格，就是当老师或父母叫他干什么，他就干什么，一旦没有外在的指令，他就不知道该干什么，也什么都不想干。

当一个孩子养成被动型人格，就只能处于被支配状态，这种人格形成的根源，就在于学生的学习生活长期处于被安排得满满当当的状态。

只要稍作观察就会发现，我们身边0～3岁孩子的主动性很好，对事物充满好奇，此后各年龄段孩子的主动意愿逐步减少，很多被动型人格的学生到了大学就觉得目标实现了，睡懒觉，打游戏，没有任何目标和动力。

怎么样提供一些条件，使儿童成长全过程中保持身心健全呢？

在儿童整个发展过程中，都要给他自主性发挥的时间、空间和自主选择的内容，例如幼儿园的游戏，不能都是老师安排好的游戏，要发挥儿童自主性让他们玩自主游戏，让儿童自主地选择游戏主题和角色，制定游戏方案和规则，自己在玩的过程中可以修改游戏。

进入小学和初中以后，在校时间不能由老师和学校填得满满的，要确保学生能够自主地支配一部分时间，包括游戏的时间。我反复跟各地的教育主管部门说，义务教育阶段，国家规定的课程教学最多只能占学生学习时间的60%，剩余40%的时间要让学生自主去学习自己喜欢学的，做自己喜欢做的，玩自己喜欢玩的，在玩的过程中培养能力，也让学生的自主性得到更好的发展，使其找到真实的自己，明了自己到底在哪方面具有优势。

到高中阶段，也不应该只是准备高考，当下学生从高一就开始进入备考状态，进一步压缩了自主学习时间，进入被动学习状态，过度紧张也使得学生身体很难保持健康。要保持身体健康，最重要的就是要保障一定量的户外活动，例如近视眼的主要原因就是在室内看书、看屏幕、看黑板，近距离用眼时间过长，没有时间进行户外活动。

过去几十年对学生的减负效果不彰，学生负担没有减轻，反而有越来越重的趋势。这一现象并非偶然，而是与单一的评价和管理体制直接相关，在这一体制内，靠发文实现减负很难奏效，而需要从体制机制上想办法。

体制机制改革最关键的就是要改变单一评价体系，建立起多元化评价体系，让学生多样化的发展得到认可，从而减轻学生压力，使其有更多的时间从事体育锻炼和自主学习，从根本上改善学生被动型人格的状况。

PART 2

第二辑

造就大国良师

慎做"名师",要做"良师"

光明日报《教育家》杂志启动的"寻找大国良师"活动,与我十多年前提出的"'名师'是歧路,'良师'是正途"有些渊源。因为更多人对此有了共识,才有了这个活动的启动,对此我感到由衷高兴。

十多年前,某省要推行"名师"工程,派人到北京找到我,希望我能做他们的名师工程评审专家,我就问:"你们的评审方案是怎样的?"看了他们设计的方案,当时我就拒绝了,明确表态按照他们这种方式评"名师"最后只会破坏教育生态,伤害真正的好教师,压制大多数不善炫耀自己的普通教师。

有鉴于当时各地都在兴起评选名师的热潮,实施名师工程,而各地的这一做法背后有政府支持,有财政经费投入,有教育管理部门张罗,有部分教师、家长、学生强烈的功利驱动,发展下去对学生、教师乃至整个教育的伤害太大,当时就写了篇文章《"名师"是歧路,"良师"是正途》,试图说清道理,让更多人意识到问题所在,理性冷静地对待处于行政权力和功利欲望操纵下的"名师"评选潮流。

然而,令人遗憾的是,我写的文章虽然被《中国教师报》发表并获得一些人积极回应,却未能在多大程度上阻止各地轰轰烈烈的"名师"评选潮流,甚至在一些地方还不留一个死角地搞省级名师、市级名师、县级名师、校级名师,依据外在标准把教师分成三六九等的同时也把学校分成三六九等,最终是将学生分成三六九等,后果是引发教育的更加不均衡、不公平、不安静。不同地方政府、学校和教师间不断争权夺利,无心教学,少数教师趾高气昂看不起其他教师,懒得顾及学生,多数教师"压力山大",心怀不平，也影响到正常教学。

也许是十多年后各地这些做法的弊端日益明显，曾有数十个微信公众号相继转载我十多年前写的那篇文章，点赞和给予正面评论的不少，说明越来越多的人对这个问题的认识越来越清晰。但是，受各种利益、权力、观念、体制与机制的限制，名师运动还有很大的惯性，离真正解决这个问题还有很长的艰巨历程，这就意味着它所造成的伤害仍然会继续深化和扩大。

"寻找大国良师"的活动就需要对已被证明有害的"名师工程"加以矫正。这种矫正我认为需要在以下几个方面发力：

首先是价值观念上明确不鼓励人争做名师，而要把做良师当作需要追求的最高境界，引导越来越多的教师做良师，最终目标是实现最大范围内的学校和学生有良师，而不是有名师。

其次是聚焦点不是少数机构、人员的荣誉、利益和欲望的满足，而是尽可能最大限度满足全国范围内所有学生对好教师的需求，以"寻找大国良师"活动为杠杆，让底层师生真实的需求得到尽可能的满足，让最普通的学校、最普通的学生对优秀教师的认可获得表达与证明，让在条件差的学校做好教师也能得到社会承认。

再者，尽可能运用专业的第三方评价确定良师，不搞计划指标，不搞地区平衡，不受行政干预，不受利益牵扯，尽可能确保所选对象是经得起时间和专业检验的，是可行可靠的。

简而言之，"寻找大国良师"的活动是为大众服务的，是指向追求真善美的，是干干净净、客观、专业、公正的。唯有这样才能有效矫正已令一些人欲罢不能的"名师工程"。

什么是良师？我从1983年开始做教育调查就一直关注一个问题：要办一所学校真正需要什么样的老师？准确的表达是最普遍最真实地需要良师，而不是在"师"字前面加上任何其他修饰。什么样的教师才能称得上良师呢？我认为最重要的标准有两个：第一个标准是获得学生认可；第二个标准是做好教师的动因是教师内在的自我完善与追求，而非靠外部驱动。

学生对老师的认可是一位老师达到良师境界最有说服力的见证。学生对老师的认可不限于当下或短时间内，也不仅仅指让学生考了个好成绩进入比较好的更高一级学校，而是要由学生在内心反复权衡老师在自己成长发展过程中究竟起了什么作用，以及如何发生作用，离开师门之后，甚至几十年之后依然认可老师，才能充分证明他是位良师。我参加过祝贺自己初中班主任周仕进老师退休的同学聚会。初一进校时我们班是58个人，毕业时已经流失了几个，现在4人已经去世，此次参加聚会的多达30余人，真想不到我们这些40多年没有见过的同学还能从全国四面八方赶来为这位初中班主任举行退休时的答谢聚会。这就说明，良师受学生爱戴是学生发自内心的、真诚的认可。

现在有些人虽然名气很大，知识渊博，但是没有在学生的成长中发挥作用，在学生的内心种下种子，学生对他依然存有这样或那样的不认可，那么这样的老师就不能称之为良师。像这样的例子很多，我从上小学、中学、大学，一直到研究生、博士，一些很有名的老师就不受学生认可。在这一路上有过很多同班同学，但是有的同学就聚不到一块儿去，甚至有的班级连建一个微信群都很难，为什么呢？——老师是关键因素。如果那个时间段这位老师是一个好老师，同学都认可，他们即使毕业几十年后也会自然地参与班级活动。若老师不被同学认可，那么即使借用再大的行政力量去干预都很难奏效。所以，我建议光明日报《教育家》这次"寻找大国良师"的活动，应该有一个基本的维度，就是考虑到学生认可，并且通过可以操作的措施来保证入选的老师是学生认可的，如此才能称之为良师，没有这一条件，即便他有再多的荣誉也不能入选良师。

做名师与做良师的目标和动力是有重大区别的。追求名师的动力是外在的，目标是自己的名利最大化；追求良师的动力是自我成长和完善，目标是学生成长发展的最优化。一些人为了成为名师不择手段，做假课题，弄各种莫须有的评奖，四处奔波求人托关系，上一些表演性的公开课，而这些课并没有对一个学生的成长发展发挥真正的作用，最后像这样做的一些人却评上"名师"了。

当下，媒体等公共平台上经常出现一些名声很大的教师，但是他们经常做一些和他内心不相符的事，这是值得我们引起反思的名师现象。真正的良师，是发自内心的一种自我追求，一种自我完善，希望自己所做的事能够对得起学生，也对得起自己的良心，而不是自己想出名、想出人头地、想获得更多的利益和权益等其他外在的目的。所以，我认为搞清楚做教师的动因是评价良师的一个很重要的参考标准。从这个角度来看，做名师总有一定的边界，只会在一个有限的范围内出名；而良师的追求永无止境，每一个人的一生都可以永远地追求良师的境界，即便已不任教、已经退休，也依然可以是学生心中的良师，依然可以向良师的境界不辍前行。

发起"寻找大国良师"活动能否对当下失去理性的追求名师潮流进行矫正，是对这次活动效力大小的检验。这个活动就是要真正地把那些没有太多外在功利追求的优秀教师找出来，这才是使此项活动更有价值、有意义的地方。希望通过这个活动的开展，能对整个社会的发展发挥更好的效益，也希望目前社会最急需的造就良师能够通过这个活动得到有效推进，让更多的普通师生从中增强获得感。

专业阅读成就良师

自从 1983 年开始做实地调查，就与一线教师直接交往，可以说对教师群体充满感情，也对这个群体有些不满，主要是看到大多数教师除了看自己任教学科的教科书、教辅资料，基本上不看其他的书，以致教师成为社会中读书较少的人群，不知道人类文明的发展方向，也不善于有效了解、探究工作对象——儿童的身心发展过程及其内在规律。

探讨教师专业阅读问题，正是在我不满意的方面寻找求解良策，这是教师改进与提升自己的必由之路。

教师要胜任本职工作，适应时代发展需要，必须加强学习，阅读是必要的学习方式，深入且广泛阅读，让自己的学识输入与输出平衡，做到"读"领风骚，才会"教"有特色。

教师的"读"，关键在于专业阅读，专业阅读的目的在于成就良师。

专业阅读，我的理解是为了做好自己的专业工作而阅读。作为教师，阅读的目的不仅仅在于专业知识的获得与专业背景的扩展，更在于培育精神、提升人格、磨砺思想，深刻省察自我，促进教育精神与人生境界的升华。阅读不在于获得光环，借此标榜，沽名钓誉。因为我几次提倡专业阅读要读名著，一些教师说读不下去，原因是那里面讲的内容与现在的教育教学和生活没有太大的关系。这样的说法反映了一个基本事实：大多数教师专业阅读的功能定位仍是获取某一个知识点。这样的阅读是狭隘的，对于一般材料的阅读也许到此即可，而对经典名作的阅读我认为主要是读作者的胸怀，如果没有达到这个境界，阅读就不够深入。

通过经典作品的阅读知晓先贤的胸怀，才可能引导自己向着真正的良师一天天进步，通过理性的判定确立自己成长发展的路径，绝不外骛于一时的名利得失。良师的成长与发展，更注重内在自主，更要唤起自我，更要走进学生的内心世界。能否成为良师在于他能否形成深厚的积淀。这种积淀包括他的人生体验与阅历，也包括阅读与践行的所感所悟所得，最终积淀成真正有着教育情怀、人格操守、专业理性，能够不断挖掘并发挥自我潜能与智慧的良师。

专业阅读也有其独特的方法，第一道关就是选择。信息社会能阅读的内容几乎无限，每个人的时间有限，教师专业阅读不完全等同于大众阅读，要根据自己的目的和需求程度选择阅读内容，摸索、归纳适合自己的阅读方法，强调读精、读深、读活。

时下不少教师读书常偏于一隅，陷自己的观念和观点于固化。教师专业阅读存在非连续性，事实上阅读发生具有偶然性。在依照自己的阅读规划循序渐进的同时，也可能某个偶然的事件引发新的阅读兴趣。当有这样的情况发生时，也不要强制拒绝，而是要保持平衡，在看了一方观点和证据的同时看一看另一方的观点和证据，质证后形成自己的判断和观念，保证自己不进入别人设置的死胡同。作为一个人的阅读连续性不应类似于春蚕吃桑叶一块一块地啃，而是应该以下围棋的方式不断思考布点，在每个新的阅读窗口都存在很多可供选择阅读的内容，善于阅读的人总是挑选其中最有价值的内容，分清主次和功能分别采取泛读或精读等不同的方式进行阅读、反刍、回味，渐入领悟的佳境。

陶行知提倡学生自治，曾引用《墨子》里提出的亲知、闻知、说知强调："亲知是亲身得来的，就是从'行'中得来的。闻知是从旁人那儿得来的，或由师友口传，或由书本传达，都可以归为这一类。说知是推想出来的知识。现在一般学校里所注重的知识，只是闻知，几乎以闻知概括一切知识，亲知是几乎完全被挥于门外。说知也被忽略，最多也不过是些从闻知里推想出来的罢了。我们拿'行是知之始'来说明知识之来源，并不是否认闻知和说知，乃是承认亲知为一切知识之根本。闻知与说知必须安根于亲知里面方能发生效力。"在专业阅读过程中，教师阅读有必要在这类主题上进行不断的学习与研究，获得比较丰富的实践与体验，有自身独立、深入的观察与总结，有明晰的理论建构，也总结出大量的实例，对自己的专业提升就不乏启迪、指导意义。

专业阅读成就良师是思想不断丰富的省思过程。我曾反复谈到，没有思想的教育教学就如同没有加盐的菜肴，无论做工多么精细，材料如何珍贵都难以让人开胃。即便是强迫师生接受某种教育，也只会让他们日益变得虚脱无力，没有骨气，没有精神。评价教师应该依据他在学生内心深处的有效影响大小来判定，而绝不仅仅依据纸面上的教学成绩。仅仅依据疏于省察的"分"和"率"评价教师，使教师的教学脱离了社会与学生实际需求，不得不采取机械重复、灌注强迫的方法来凸显业绩，这样的教育教学，思想注定是贫乏的、虚空的，或者至多可谓一种滞后的异化的"思想"。

不少青年教师刚走上教学岗位的时候还能志存高远，还有着对教育规律的敬畏，有着对自身与学生作为"人"和生命之存在的尊重，还有着几分人文气息。若干年后，内心的彼岸渐行渐远，为了眼前的利益、所谓的某种"现实"而宁愿被裹挟，甘于随波逐流，心中逐渐没有了彼岸。内心彼岸的消失就是自我消失。现实中存在大面积的教师职业倦怠与不当的管理和评价直接相关。阅读是教师心中彼岸重现的路径。无论从教师个人的成长发展角度看，还是从教育品质的提升看，阅读特别是专业阅读是支撑教师向彼岸前行的一苇。

从这个意义上说，我们希望有更多的中小学校能够带动教师走上专业阅读之路，以专业阅读成就良师，克服职业倦态，唤起专业自觉，重建精神家园。期待更多的教师能够由此在自身力所能及的范围——努力改进教育教学生态，寻求教育教学的创造性。

大师起于心动

从大师已经成就的结果而言，大师有别于众人，甚至差别巨大；从与众人皆有相同的人生出发点而言，大师与众人并无差别。

大师与众人是何时有差别的呢？是因何而有差别的呢？自古以来就有人试图找到缘由，从而循此路径成为大师，但仅有少量成功者，多数人则未有所成。自从教育成为一门学问，教育学者也试图培养更多大师，诸如叶企孙这样被称为"大师之师"的人的确成就了众多大师，但大多数教育者在这方面的努力却收效甚微。

随着现代科学的发展，有人对成就大师的因素加以分析筛选，于是列举出：智力、品德、毅力、家庭背景、师承关系……大量统计研究发现这些方面或许都有关系，甚至有较强的相关性，但是很难说哪一个因素是成就大师的充分且必要条件。

对于成就大师而言，智力上的突出是天生的，但大师绝不是天生的；太多的天才未能成长为大师，又有众多的大师并非因为天才而成为大师。大师是基于先天条件与后天造就经过复杂的过程才能成就的。

在大师成长的漫长过程中，从众人中跨出的第一步最为关键，这一步就是心动。

提及心动，不少人或想到六祖慧能的一段经历："仪凤元年正月，届南海法性寺，时印宗法师，讲涅槃经。座下有二僧，见风吹幡动，论动义未决。祖曰：非风非幡，仁者心动。印宗闻之，知是异人，问之，祖以实告，遂出示衣钵，一众惊叹，乃集众剃发于菩提树下，智光律师，授具足戒。印宗集缁白千人，送归宝林，开法于曹溪座下，悟者三十于人，独青原思南岳让二大师为上首，自此道分两派。""风动""幡动"都是外境的变化，而实质上是内心受到了影响，即"心动"。二位僧人道出外境的变化，六祖慧能用"心动"来提醒他们实际上是内心开了小差。

慧能"仁者心动"的言说因有众多哲学、宗教解读而广为流传，事实上有一种假定在支撑：先假定慧能是大师，再假定成就大师需要净心、静心。从人的成长发展角度看，数千年传统强调的净心、静心非但未能成就大师，反倒压抑、束缚了不少可能成为大师的人去成就大师。

如何界定心动呢？简言之就是内心对外界感触而发生变化。似乎每个人在人生经历中都会有这样的心理过程，成为大师的人与众人心动的差别在于感触的深度、广度、独特性、可持续性各不相同。肤浅、狭窄、日常化、常动不停的心动不会成为大师的起始，只有像张伯苓因亲临威海卫"国帜三易"而心动，王淦昌因叶企孙质问他"你知道你的使命吗"而心动，陶行知参加武装暴动后悟出武力无法改变人心而心动……才让他们各自走上大师成长之路。

关键的那次心动之后发展依然是曲折的，依然可能会遇到外界的重重阻力与障碍中途而废。在关键心动之后，内心驱动成为强大的动力，成长过程将沿着以心及物、以心役物的方向，先务虚再务实，先精神再物质，自我认识、自我设计、自我实现不断循环，让自己的生命更加光彩炫目。

不同人的第一次心动是各不相同的，可能是因好奇心而动，也许是为道德心所驱，或者是为羞耻心所激。但是人心比天高，通常泛滥无归，既可能成为成就大师的动力，也可能成为欲望膨胀的酵母，还可能是永不满足的沟壑。成就大师需要将自己的心转换为爱满天下的爱心，还需要学习历代先贤的智慧选择，将"心"上加一"士"，将世俗之心转换为"志"。

从心动到志的生成是古今中外所有大师必经的第一段历程。有这段历程后依然不能保证成为大师，历史上立大志者既有为人类创造文明与幸福者，也有给人类带来巨大灾难者，无论如何，后者是不能进入大师行列的。所以真想成为大师就需要明确志之所向。为此，春秋战国时期的先贤为后人确定了"士志于道，明道济世"的方向。

"士志于道"明确了志在探究自然与社会的道，或者简言之探求真理；

"明道济世"则是强调明了真理后运用它来解决社会问题。沿着这条道不断求索、践行才有可能成就大师。

纵观历史，大师大多心动于民众疾苦，在民众需求基础上立志，以独立的思想和坚强的人格生成强烈的使命感。有了这样强大持久的驱动，他们方可在自己有优势潜能和社会条件的某个方面或领域生成自己独立的见解，形成高尚的学术品格，进入前人未入的学术境地，并运用他尽可能创造更多人可以享受的幸福。

渊博的知识仅是大师的工具，大师常是在为人服务的过程中使这个工具变得更加强大、有效，若想成就大师就不能仅仅盯着增长自己的知识，也不应将自己束缚在某一门专业知识之中，而需要在实现更好地为人服务的目标过程中充实自己的知识和能力。

成就大师需要合适的环境——自由、宽松、民主，使独立思想、人格能够充分完全体现出来。大师也需要为了人类的文明福祉去选择、创造适宜的环境。

需要更多优秀人才当中小学老师

新学年伊始，不少名校硕士博士到中小学当教师的新闻，又引发了新一轮关注。媒体报道中的"某学校56位新教师均来自国内外名校"，无疑为这波讨论贡献了新的素材。在相关的议论中，一种较为老套的观点就是"大材小用"论。

由于特殊的历史原因，40多年前，笔者在比较落后山区的一所高中就读，任课教师中有不少是毕业于华东师大等知名学校的高材生。当时生物课不计入高考总分，不少同学打算在上完第一次可能要点名的课后逃课。没想到，教授生物的方步青老师从不点名，但他讲课极好，竟然一直没学生逃课。后来通过查阅相关资料才知道，方步青老师早在1956年就已被评为全省优秀教师。

笔者插叙这一段个人经历，是想说，对于中小学生成长发展而言，教师的优秀程度是没有上限和止境的。只是受制于各地财力、供求关系与条件，短期内还难以普遍实行中小学教师都由获得知名大学学位的人担任。但作为一个发展过程，不妨先让一部分有需求而又有条件的中小学尽量多聘用一些毕业于知名高校且有志于从事中小学教育教学的人。对此，公众可能有不同声音，但相关部门和学校不应有任何迟疑犹豫，更不宜设置任何障碍。

随着高等教育进入普及化阶段，中小学教师任职起点学历自然应相应提高，但它并不意味着，将中小学教师任职条件对应于某个固定的学历段，或仅限于某个固定学历段。教育是人类最尖端的活动和学问，它的复杂性与前沿性正好与学段高低成反比，最尖端的领域反而是早期教育。换句话说，能当好小学教师的人经过学习，就有可能当好中学教师；但能当好大学教师的人却未必能当好小学或幼儿园教师。只要承认教育是专业工作，了解教育的重要性和复杂性，无论在哪所名校拿到博士学位后选择去中小学工作，都属正常。

教育家陶行知曾说："在教师手里操着幼年人的命运，便操着民族和人类的命运。"在人的发展过程中，众多方面的关键期、敏感期乃至最佳期都处在中小学阶段，在这个阶段安排优秀的教师对人的成长发展影响最为显著。一个良性运转的社会，应将优秀的人放到这个重要的岗位上。而一个真正优秀的人，相信在这个岗位上能更有效地实现自己的人生价值。而从现实的必要性来看，一方面，家长对优质教育的需求愈加紧迫，呼唤更优秀的人才办出更优质的教育；另一方面，当下中小学教育中暴露出一些问题，其中不能排除与教师素质、能力欠佳或不平衡有关。因此，吸引更多优秀的人加入这一"实验场"，也是回应社会诉求、化解教育矛盾的有效手段之一。

在关于此事的讨论中，有一种论调认为，一些中小学，尤其是发展先行地的学校招聘硕士博士，将加剧各地教育的不均衡，影响经济社会发展较为落后地区的教师招聘和教育发展。但其实，从总体来看，教师目前的待遇等条件难以吸引与实际需求数量相当的优秀人才担任中小学教师，而用人和管理部门的管理与评价方式又对这一人才流动造成了其他限制。经济发达地区的学校高薪招聘高学历教师，在一定程度上将会成为其他地区提高教师地位待遇的动力，对整体提高教师地位和待遇有积极作用。

真正可能导致"大材小用"的，不是优秀的人选择去做教师，恰恰可能是这一改变未能引起足够重视，不当的管理与评价将"大材"小用了。因此，有关方面要顺应这一新变化、新形势，相应提高中小学教师工资待遇，更重要的是，要加快改进中小学管理方式与评价体系，切实保障教师教学自主权，包容教育创新及探索，充分释放这些新生力量在教育教学上的积极性与创造性，实现"大材大用"。

也有担忧这些新任教师发展的人指出，中小学教师发展空间小。的确，这是当下中小学教师面临的职业发展困境。不过，历史告诉我们的答案是，由于中小学教师需要不断加深对人的认识，因此能在这方面充分发展的人就有可能成为大家，也就是说，在中小学教师岗位上照样可以做大学问。

师范教育需要瞄准师资需求

中国师范教育兴办一百多年来,几度兴衰;现代学堂兴起后,师资的供求关系随着社会条件以及多重因素的变化也反复波动。

分析这些变化的深层原因,有两种是最为主要的:一是政府对教师教育的责任承担的多少;二是社会对教师的真实需求以及对师资的购买能力。当政府对教师教育的责任承担不足的时候,教师教育必然受到挫折。社会对教师需求的大小和品质要求也直接决定着教师教育的状况,其中对师资的购买能力在义务教育阶段也与政府是否尽到责任直接相关。

当下正是由于不同地区的经济社会文化教育发展水平不同,贫困落后地区的政府对义务教育阶段教师的地位和待遇问题落实不到位,管理过于呆板,使得一些落后地区真实的教师需求限于缺少购买力而难以得到真实呈现和有效满足。

在这样的背景下,2018年1月中共中央、国务院发布《关于全面深化新时代教师队伍建设改革的意见》,教育部、国家发展改革委、财政部、人力资源和社会保障部、中央编办五部委印发《教师教育振兴行动计划(2018—2022年)》(以下简称《计划》),明确从师德教育、培养规格层次、教师资源供给、教师教育模式、师范院校作用五个方面采取行动从源头上加强师资培养,无疑是强化政府在教师教育以及师资任用上的责任。

《计划》提出以集中连片特困地区县和国家级贫困县为重点,为乡村小学培养补充全科教师,为乡村初中培养补充"一专多能"教师,在一定程度上是考虑到当下需求的情况而做出的政策选择。依法保障和提高教师的地位待遇，改进完善教育部直属师范大学师范生免费教育政策，将"免费师范生"改称为"公费师范生"，履约任教服务期由此前毕业后任教服务10年调整为6年，也是总结了自2007年免费师范生政策实施过程中的经验教训所做出的调整。

从问题解决的角度看，这些调整和改变来得太慢。免费师范生政策实施后，在2011年第一届毕业生就业的时候，违约与服务期限就成为突出的问题，相关的研究也指出了其中的问题，提出了切实的改进建议。教育部直属6所师范大学培养的免费师范毕业生怎么也到不了最缺教师的贫困乡村，政策实施的效果难以充分有效解决现实中存在的问题，也就难以达到原先设计的目标。而这些问题在7年之后才得到政府的政策回应，原因就在于不是通过供求机制解决的，而是需要通过政府的政策调整的一系列程序才能解决。

由此引发的必须引起高度重视的历史教训是，凡是各种"计划"，都有可能在一定程度上罔顾真实需求，都有可能存在缺陷和失效，使得其实施的效果总是难以充分有效解决现实中存在的问题，也就难以达到原初设计的目标。

为了提高《计划》实施的效果，必须立下一个原则，就是各地在整个过程中都要瞄准真实的师资需求。

首先是自始至终都需要有需求意识。计划本身不是万能的，仅仅依靠计划，死守着计划就会错过时机，就无法解决实际问题，就不能有效发挥财政资金的作用。《计划》遇到变化常常无动于衷的情况在过去已经反复出现过，以后不能再延续了。

其次，必须建立师资的供求机制，在实施《计划》过程中要充分借助供求机制。仅依靠计划手段实施计划必然是空对空，其结果必然是那些真正需要教师的学校仍然难以从《计划》中受惠，投入的资金和人力最终流向非政策目标上，难以精准解决问题。将计划和供求机制两种手段同时使用才能有效解决此类问题。

再者，提高贫困落后地区政府对优秀师资的购买意愿和能力是解决师资问题的关键所在，也是解决教师教育问题的关键。如果师范院校培养了公费师范生，到了贫困地区入职后不受重视，地位和待遇不高，职业发展和生活问题难以解决，必然反馈到师范院校，影响到师范院校的生源乃至整个公费师范生的培养链条。

总之，盯着当地真实需求实施《计划》才能更有效。

教师群体负担加重，功利主义的评价体系要改改了

2019年国家义务教育质量监测报告显示，"班主任工作时间长、教学任务重、非教育教学性事务干扰大，减负愿望强烈"。

从各地实地调查来看，这个结果不仅限于语文、艺术类的班主任群体，实际上是整个教师群体的写照。

不少教师反映，正是让教师自主权受限的管理、对教师过度功利化的评价等原因，加重了教师负担，将教育推到急功近利的漩涡之中。必须重视的是，在不当的管理评价环境中，不少教师逐渐变得依赖上级教育部门的指令、认可，依靠外在标准获得激励、自信与尊严，丢失了教育工作者的本真和初心，不再有耐心通过对孩子的关心、促进、鼓励、期待，使孩子慢慢向善成长。一些地方靠五花八门的名头、花里胡哨的头衔和"帽子"、矛盾重重的职称评定、名目繁多的荣誉评审拉大教师群体内的差距，不仅不能如愿以偿地激发出教师的教育热情，激励广大的教师以名师为榜样，心无旁骛、专心致志、满腔热情地工作，反倒助长了教育中的追名逐利，形成了心气浮躁，玩热闹、玩概念、玩口号、假创新的氛围。如今，教师群体日益身处两极分化的鸿沟：一部分是功利主义教育的获利者，做培训、做项目、做活动、做策划和出书，忙得不亦乐乎；另一部分教师负担加重，背负的职业倦怠感与日俱增。而且，在一些地方教育管理和评价实践中，没有充分意识到学生才是学习的主人，学生充分发挥自主性才是提高教育质量的主因，而常常错误假定教师是决定教育质量的第一推动力，将一些额外的管理与评价措施施之于教师，从而给教师造成不必要的压力。

特别是在"唯分数、唯升学"的评价倾向下，教师不得不丢掉自身的

自主性与独特性，向"唯分数、唯升学"的教学目的对标看齐。也正因为教育评价权力过度集中、标准过于单一，与评价对象的成长发展多样性不相匹配，教师不得不让天性多样的学生学习活动与"唯分数、唯升学"的内容一致起来，在这种情况下，教育的丰富性和教学的有效性可想而知。

2018年召开的全国教育大会指出，要深化教育体制改革，健全立德树人落实机制，扭转不科学的教育评价导向，坚决克服唯分数、唯升学、唯文凭、唯论文、唯帽子的顽瘴痼疾，从根本上解决教育评价指挥棒问题。《深化新时代教育评价改革总体方案》提出"改进结果评价，强化过程评价，探索增值评价，健全综合评价"，为未来一段时间教育评价改革提供了纲领性文件。然而，改变长期以来的"五唯"弊病，做好教育评价并非易事，还需要对教育评价厘清认识。应明确评价只是手段，不能成为目的。根据现代评价理论，评价是为了改进，评价是为学生更好地成长服务。教师是立德树人的关键，是真理探索的首席和学生成长的关键他人，合格的教师需要有自己的主见而非听命于他人，需要通过自我唤醒而非被动驱使获得力量。

改进教育评价，回归教育初心，教育管理与评价者要把教师视为有尊严、有独立人格的人，让教师拥有更多教学自主权，彰显现代教育的价值，塑造更多淡泊名利的良师。

改进教育评价，还要让教师成为教育的共建共治共享者。教师有权有责，教师积极性能够充分调动，包括教师在内的多主体的分级专业评价能有效发挥作用，这才是教育变好的根本。

改进教育评价，除了从改革评价本身入手之外，在入职门槛和薪资待遇上下真功夫，也是相辅相成之举。只有提高入职门槛，提高教师整体薪资待遇，才能让更多人能安静地做教育、热爱教师职业、享受教师职业。

教师减负的关键是保障教学自主权

中共中央办公厅、国务院办公厅印发了《关于减轻中小学教师负担进一步营造教育教学良好环境的若干意见》,教育部召开新闻发布会指出,要减掉中小学教师不应该承担的与教育教学无关的事项,改变形式主义、官僚主义的工作方式方法,把宁静还给学校,把时间还给教师。

解决教师减负问题的前提是把青少年的健康成长发展放到重要位置,尊重教师工作的专业性特征,遵从教育工作的规律。中小学教师负担不断加重的根源何在?事实上,这些年中小学教师的负担之所以逐年加重,既不是源于教学的任务,也不是由于家长的压力,而主要是来自于多个行政部门不断增加的各种发文所施加的行政负担。

在现有的学校管理体制之下,学校是行政部门的下属机构。这一隶属关系使得许多学校对行政部门的要求难以回绝;行政部门对自身的发文缺少有效监督和控制,一些部门还将发文作为自己的业绩。因而,行政部门对学校的发文和指令逐年增多,几乎每一个部门都能把自己的一项工作分派给学校和一线教师,导致他们不堪重负。

在不同地区的学校进行调查发现,行政部门每年给中小学的发文数在700到1700个不等,很多文件都是层层转发,而且不少都是与教育教学不相关的事务。当开会、填表、扶贫、扫黑除恶等一系列事务铺天盖地袭来,教师自然会感到"压力山大"而又罔顾教育教学本职工作。可见,如何让行政部门给中小学发文的过度冲动降温,有效监控行政部门给学校发号施令是当前亟须正视的问题,也是教师减负的关键。

解决教师减负的问题,最根本的就是保障教师的专业自主性,让专业的人去做专业的事，当事人有当事权。对于如何开展教学活动，教师理应最有发言权，也应维护其自主决定权。就好像医院接收到一个病人后，如何治疗应由接诊的主治大夫决定，而不是依照文件的安排去开药方。让教师决定教学事务，既是对他们的尊重，又是对教学质量的保障。相反，发文要求教师不能布置作业、不能这不能那等等，实际上就是在限制教师的自主权，造成责权分离，反而会让教师更为被动。

增加并确保教师的自主权应包括让他们有权决定不做什么事。对于非专业的、与教育教学不直接相关的事情，教师应当有权拒绝执行。比如，曾经有一线教师向我反映：学校为了迎接评比，连课程表都要让老师作假，他内心实在纠结，忙不过来，还会让学生帮忙造假。这就是典型的反教育案例，是强制指令对教育宗旨和原则的异化。

当然，要保障教师说"不"的权利，就必须有切实的制度安排。比如，建立起相应的教师投诉机制，在教师遇到不当要求时，可以有正常的渠道进行投诉，由专业、权威、公正的评定程序确定该不该做，阻止一股脑儿要求强制执行的通道。

要想从根源上解决教师减负的问题，最重要的还是要回到教育的本质。教育的首要目标是为国家、为民族培养人格健全的下一代。任何具体的事务、行政的指令都不能凌驾于这一目标之上。教师与学校工作的第一依据是学生成长发展的真实具体需求。在以往的行政管理体制之下，一些学校会把红头文件而非学生的发展需求作为首要依据。这样就使得学校思路逐渐走偏，而学校思路走偏了，教育的效果自然就不会好。学生、教师的负担，也会被不必要地加重。

为此，必须正本清源，将学生的成长及发展作为学校的第一依据，然后根据学生成长发展的需求来进行教学、管理和评价。如果无法将这一逻辑扭转过来，停留在以文件落实文件，依旧是局部施药，很难彻底将教师从沉重的、繁琐的负担中解放出来。

减负的关键在于建立现代学校制度

中共中央办公厅、国务院办公厅发布的关于教师减负的意见，其中提到了一些关于体制性的问题。要真正解决教师减负问题，就是要解决这些体制性问题。

当前，引起中小学教师负担重的体制性问题到底是什么呢？我认为，其关键在于，学校是行政机构的下属机构，很多地方政府也把学校当成其下属机构，而没有把学校当成一个专业机构、专业组织来尊重。这导致学校的一些非教育教学任务主要来源于行政机构的指派。所以，要真正为教师和学校减负，就必须认识到这样一个根源性因素。

在《国家中长期教育改革和发展规划纲要（2010—2020年）》中曾明确提出"要建立现代学校制度"，教育部也曾要求各个学校尽可能做到"一校一章程"，但因为一些原因而没有持续而有效地推进与落实。这使得中小学教师负担重的问题逐渐凸显。如果学校都能够依据自己的章程来办学，不再依据一些行政指令来办学，就会减少很多不必要的工作量和工作负担。但问题在于，近年来，一些地方行政单位和社会组织对中小学发布的指令太多。我曾在全国一些中小学进行过调查，部分学校一年要接到700多个文件甚至更多，这就使得中小学校正常的教育教学工作很难开展。校长忙着不断去开会，教师忙着不断回应各种文件、上报材料。所以，要想从根本上解决问题，就是要从体制上入手，要建立现代学校制度。中共中央办公厅、国务院办公厅关于教师减负的意见，是一个良好的开始。但我认为，要真正解决这个问题，还是要走上依法治校、依法依章办学的正轨。要建立现代学校制度，才能从根源上解决学校负担过重、教师负担过重和学生负担过重的一系列问题。

PART 3

第三辑

改进教育教学

新旧文化中教学站在哪儿

传统文化近期常被强调,以至于人们就新旧文化发生了不少争议。这个话题起源于 1915 年,新文化运动一出现就产生了新旧文化之争。当时的争论一方是胡适,另一方是学衡派的梅光迪、吴宓等人,争论的结果是站在新文化一边的人多了,站在旧文化一边的人少了,直到现在也不知道谁赢了。

新文化和旧文化并不像很多人认为的完全对立,而是有一种特殊的传承关系,这种传承在中国历史上进行过很多次。古文运动事实上就是当时旧有的文化面临挑战产生的更新,韩愈的"复道"、理学对儒学的复兴都是这样的过程。

准确地说,新文化运动是基于旧文化的一种生长,这种生长包含了旧文化中所没有的新内容,比如说民主、科学、平等,强调实验、实证,其中旧文化的等级观念与平等相冲突。就教学而言,不应简单地把旧文化搬回来,应该从两个角度来汲取新旧文化的内容、内涵。

第一个就是从为人、做人的角度。人应该怎么做,教学就该怎么做。人是文化的动物,人又是文化的主体,人需要怎么做就选择什么样的文化和教学,教学需要以做人为根本的、最终的标准加以衡量。应该明确要培养的是有文化传承的现代人,最终是让人身心健全,文化养生则很好,文化伤生则要杜绝。

另一个角度就是生活。当下最突出的问题是教学与生活严重脱离。教学与生活距离太远对学生缺少吸引力,只看考试分数的校园对考分不好的孩子已经没有接纳,而是产生排拒,校园里已经没有生活可以容纳他们。当下最重要的教学任务就是把生活与教学更好地融合起来。

教学应该站在哪里，可从三个方面来说。

第一，站在生活世界里。生活世界不是一般的、通俗的生活实践，它的词源显示它是相对于先验的乌托邦而言的。现代教育与古代教育最大的差别在于古代教学强调先验的东西比较多，比如"止于至善"就是先验的标准。它的标准不是一般人所能确定的。而现代教育教学更多强调的是"经验"，经验是杜威教学理念的核心，意味着每一个人都可以去体验，而不是必须照着前人确定的先验标准追求标准答案。真善美就不再仅是前人确定、不可以改的标准，而是每个人通过自己体验以后去感悟，去判断，确定什么才是自己认定的真善美，这与先验教学论截然不同。良好的教育需要先验与经验结合，完全只有先验必然走向极端的乌托邦，所以教学首先要站在生活世界里。

第二，要站在文化融合里。把自己逼到一种纯而又纯的某一文化里面去是不明智的，比如说一定要追求古代的、中国的文化，事实上自1840年后就不存在"纯白狐狸"的中国文化。没有文化传承不行，但把学生培养成一个古代人不是现代教学所需要做的，培养成一个不知道当今世界文化的人更不行，要培养一个有文化传承的现代人。有文化就不能将古今中外割裂，一定要在各种文化融合当中找到教学的立足点。用隔离的观点看待中国历史文化在教学中将误导学生，一定要把所有的文化容纳进来。中国文化在历史上的发展就是不断融合佛教文化、西方文化的过程。如果没有这样一种视野和胸怀，教学肯定会走到一条很狭窄的胡同里。

第三，教学要站在朝着人类文明前进的方向。人类文明几千年前进波波折折，如果教出来的学生是反人类文明的，问题就很严重了，而当下知道人类文明前进史的学生数量实在太少，可能会导致中华文明遇到严重灾难。所以，一定要通过教学让学生知道人类文明前进的方向。它不是一个标准答案，而是要让学生更多地通过生活体验、历史理解，得到自己的判断，再让他们到生活中去探索。只有这样才能让教学有更宽广的视野，创造人类共享的幸福。

简言之，教学一定要站在生活世界里、文化融合中，朝着人类文明前进的方向，这样的定位才能不负历史和后人。

教育惩戒权的边界在哪里

据媒体报道，江西省南丰县一名15岁女生，因听写不出单词被英语老师罚做200个深蹲。随后女孩被确诊横纹肌溶解症，一度被下发病危（重）通知书。这一事件引发网友对于教师惩戒权的热议。

涉事学校南丰一中的校长表示，该教师体罚学生肯定不对，但当时的出发点是抓学生单词过关，有一种惩罚的意味，但该教师认为这并不会对学生的身体造成伤害。不少人可能与校长的想法类似，将该事件与近些年讨论比较火热的"赋予教师惩戒权"联系起来。事实上，该起事件不只强度上超越了惩戒的范围，明显构成体罚或伤害，更为关键的是，惩戒主要用于对学生违规行为的处罚，而并不适用于学生的学业成绩是否达到某个标准这种情景。也就是说，教师不能因为学生学业不佳或者不达标而对学生实行惩戒。

在近代教育史上，确实有私塾先生在学生学业未达到要求的时候"打板子"，在不少家长的认知中，也默认当自己孩子学业成绩不理想时教师可进行惩戒。受以上这些因素的影响，不少人对于因学业不理想而对学生进行惩罚的现象习以为常，在一定程度上导致这种现象在学校教育实践中大量存在。这在客观上对当事学生的权利造成伤害。

此外，教师使用惩戒经常发生问题，重要原因之一就是教师与家长和学生各方对惩戒观念、内涵、边界、操作方式的理解及认识各不相同，而且随着社会发展，两代人就此形成明显的"代沟"。为此，有必要进一步明确惩戒权到底该如何合理正当使用。

惩戒意在"惩治过错，警戒将来"，是通过对不合范行为否定性的制裁避免其再次发生，并促进合范行为的产生和巩固。惩戒为教育的必要手段，它又应受到法治规范，必须在儿童权利受到保护的前提下实施。1986年制定的《义务教育法》正式写入"禁止体罚学生"，1993年《教师法》再次强调这一禁止性规定为教师的法律义务。不过，值得指出的是，惩戒不是体罚也不是管教，当下包括众多教师在内的社会成员对惩戒概念的误读还相当普遍，对教育惩戒适用范围的边界还比较模糊。

其实，划清教育惩戒的一条大的边界并不复杂，它针对的是违规行为，而非行为结果。回到开头的新闻事件，中小学教师的教育惩戒权，使用目的在于有效实施教育和管理，主要适用于对学生的违规违纪行为的阻止和处罚。学生违反学生守则、校规校纪、社会公序良俗、法律法规，或者有其他扰乱教学秩序、妨碍教学活动正常进行、有害身心健康的行为，教师应当给予批评教育，并可以视情况予以适当惩戒。学生的违规行为包括学业违规，比如旷课、考试作弊、不按时完成作业等。

学业违规与学业状况有明晰的边界，相应地，在对学生实施惩戒时，也必须严格分清学生是否有违规行为。上述事件中涉及的写不出单词不属于学业失范，只能算作学业未达到某一要求。导致这一情况的原因其实很复杂，有身体条件、智力、兴趣、教学方法等多重原因，可能部分原因就在教师身上，教师据此惩戒学生，显然理由不充足。

希望由这则沉重的新闻事件所引发的讨论，能在相关群体中达成共识，即惩戒权不适用于针对学生学业状况，这也是我们在厘清惩戒边界中值得迈出的一步。

惩戒好比高悬的剑，未必真要刺中谁

教育部发布《中小学教师实施教育惩戒规则（征求意见稿）》（下文简称《规则》），引发各界争议。如果仅仅基于文本，难以得出有效结论。唯有对当下教育实践中的教育惩戒状况有比较完整、真实的了解，才能对争议做出符合实际的评定和判断。

作为基本的事实，教育惩戒在不同学校、不同地域，在不同教育者的实践中有较大的差异。一些家长和学生对教师的惩戒提出异议，一些教育行政部门不敢支持教师使用惩戒权，这部分事实较易于被社会关注，被媒体报道；另一方面，在中小学也存在教师滥用惩戒的问题，尤其是大量的惩戒不是由于学生行为违反公认的规范与规则，而是由于学业表现不佳，难以满足教师提高教学业绩的要求，而这一部分恰恰处于分散、难以言明的隐藏状况，没有引起足够的社会关注。

《规则》必须基于完整而非偏颇的事实，不应仅仅为教师实施惩戒赋权，更应该全面规范中小学范围内的惩戒行为。为此，必须回应以下关切：

首先，在实施教育的过程中是不是必须实施惩戒？这个问题的原则性答案无疑是肯定的，没有惩戒的教育，如同没有刹车与方向盘的车辆；具体到实践中，只有在其他教育方式方法都用尽时，才不得不依赖于惩戒。即便使用惩戒，也要注意条件、对象和方式方法，要尽力避免滥用。

其次，实施惩戒的目的是什么？在实施前、实施中、实施后，是否能有效达到目的？惩戒本身是把双刃剑，有可能实现教育目的，也可能妨碍教育，造成师生感情疏离、对立、抵触，只有在精确评估其可能产生的各种效应的前提下才可使用，而不能为了惩戒而惩戒。

再者，教师充分发挥自己的教育智慧了吗？实际上，大多数优秀教师很少使用惩戒，而是用自己的人格魅力和言行引导学生。在实施惩戒的时候，也需要将它当作一个系统，而不是孤立的一次性行为，比如先由师生共同制定规则，大家都知晓规则，然后再在发生触碰规则时实施惩戒，这样惩戒就好比一把高悬的剑，悬在那里就在发挥作用，未必真的要用这把剑刺中谁。

最后，在惩戒过程中，教师的角色是什么？是教师就是规则，还是教师也要受到规则约束？显然，教师是规则的实施者，也必须是规则的遵守者。教师必须在规则范围内实施惩戒，其惩戒行为需接受学生及其他人的监督。唯有如此，教育惩戒才能更加公平公正，更好地发挥育人作用，并减少负面效应。

《规则》需要对师生行为都起到规范作用。它不应发挥鼓励教师惩戒的作用，更不能以破坏师生共处氛围为代价，给此后的教育教学添加障碍。教师的惩戒教育尽可能避免公开化，学会与学生谈心，学会给学生"留面子"，将正面教育作用发挥到最大化的程度。

了解当下实际的教师都知道，在正面了解学生、教育学生方面尚存在较大空间。不少教师由于急功近利，盲目使用惩戒，已经形成较为严重的问题。在这种情况下，必须严格遵循包括《未成年人保护法》在内的已有法律法规，避免惩戒的效果适得其反。

让学生当众销毁手机，这样的教育秀当休矣

一个有关 5 名中学生当着几千名师生的面将自己的手机丢进水桶里销毁的视频引发热议。事后，校方回应称，学生销毁手机系自愿，家长也支持。其实，这类事件并不是第一次发生，从事后不少网友和家长表示"支持"的社会观感来看，类似事件仍将继续出现。也正因此，有必要强调指出，这种做法本身是反教育而非教育。

对于视频中这种简单粗暴的做法，一些校长、教师和家长都认可，其中一个重要理由就是"有效"。然而，他们对于有效的认识是存在问题的。当众销毁手机这种做法可能对解决眼下学生偷偷玩手机的问题有效，可能对迫使学生专注于学业、提高成绩有效，可能对扭转孩子对家长和老师的要求不服从的状况有效，但是，这种做法对培养一个健全的人不会有效，在另外一些似乎看不见却又更加重要的方面也会无效，甚至对学生以后的健康生活产生无法弥补的伤害。

就这则视频中的事件而言，有人看到的只是 5 名学生的 5 部手机被销毁，但对于被要求目睹整个过程的几千名学生来说，他们受到的却是"尊严不重要"的教育，传递出的是"人的尊严可以被如此无视"的错误导向。更严重的是，这可能导致在场的几千名学生，在面对别人尊严受到伤害的情形时采取靠边站的漠视态度，这将对学生的情感、态度、价值观产生错误的影响。此种观念一旦形成，还将对学生追求有尊严的、体面的生活构成阻力，让部分学生难以创造和享受健康生活，并产生一些社会问题。

学生违规，自然需要接受相应的惩罚，但这种批评教育不能突破尊重底线，而且销毁学生手机涉嫌侵犯他人财产。以涉嫌违法的手段解决学生违反

校规的问题，轻重颠倒，也无怪乎有人忧虑其会对学生造成错误示范。任何育人手段，首先都要遵循育人的逻辑，选择限制学生使用手机的手段时也应尽可能对育人有益无害。如果教育后涉事学生已经认错，似无必要再演一场"当众销毁手机秀"；如果教育后学生自律问题仍未解决，当众销毁手机就属于被迫所为，不仅几乎没有教育价值，反而具有较高风险。

相关调查表明，当下难以根治的校园欺凌，其主要根源之一来自成人社会的暴力倾向和行为对未成年人的影响，"一伸拳头就有效"的方式使得一部分未成年人从欺凌别人中获得快感、成就感、威严感，同时也染上长时间难以消除的不利于健康成长的"病毒"。这种不健康的心理，一旦遇到适当的机会和条件，就会演变为欺凌行为，造成悲剧性后果。

简而言之，当众销毁手机，无论其方式和过程经过怎样的"精心设计"，暴露出来的依然是教育上的急功近利、简单粗暴，表面看短期有效、局部有效，实则长远有害、整体有害，在"工具"意义上是有效的，而在"育人"目标的实现上带来的更多的是伤害。

教育智慧，再怎么频繁提及都不应嫌多。教育是艺术，应是优雅的，应遵从人性、以人教人。教育的更高目标是立德树人，只有以养成健全人格的方式开展和进行，才算是更好履行了教育人的职责。

理性看待信息技术对教育的作用

疫情促进在线教育发展，信息技术发展必然带来教育的改变，教育也必须积极主动运用信息技术实现自身发展。然而，在信息技术大潮迅猛冲击下，我们也容易被一些迷雾所迷惑，以至于看不清教育的未来走向。

信息与教育是两个不同集合，它们之间有交集但不完全重合。疫情危机加快了在线教育发展，一些人就仅仅将教育看成知识传播，在一定程度上忽视了教育仍然需要师生"在场"，仍然需要遵循以人为本、因材施教的基本原则，因此一些地方在线教育收效不太好也不足为奇。

教育这个集合包括教育规律、教育原理、教育目的、教育原则、教育方法、教育内容、教育工具等，这些方面从上到下构成教育内部结构。信息技术最多只能算教育的工具和内容，也会在一定程度上影响教育的方式方法，但信息技术不可能影响到更高层的教育原则、教育目的、教育原理与教育规律。所以现在不少人试图用信息技术定义教育，将会被实践和时间证明是不切实际的想法，这些想法形成一团迷雾，对专业见识不够而想要看到真实教育的人们造成了遮挡，也遮挡了教育信息技术发展的现实路径。当下，为在教育中合理、有效、有态度地利用信息技术，很有必要拨开这团信息迷雾看教育。

一些时候，我们只看到信息技术本身对教育有利的一面，甚至把它当成万能工具，以为它能解决教育公平以及落后地区的教育发展等各种问题，而看不到它本身是一把双刃剑，在给教育带来有利一面的同时，使用不当也会对人造成比以往各种工具更大的伤害。而且，有人陷入对新工具的过分追求中，忽视了老原理，忘记了老原则，罔顾教育目的，不遵循教育规律。就拿因材施教原则来说，它并不会因信息技术的使用而发生改变，无论使用何种先进信息技术都必须遵守它，并且在新技术条件下要更加严谨和精细。疫情期间，有的人认为大量录制网课就能解决问题，事实证明这种做法因违背因材施教而最终效果不佳。

还有人把信息技术当成教育的全部，事实上教育的主要内容还包括情感、态度、价值观，正所谓"亲其师，信其道"。信息技术永远都不可能是教育的全部内容、工具和方式方法，需要与非信息技术的教育内容、工具和方式方法配合，在特征与情境适当的情况下运用才能发挥更好效果。

另一个误区是，把信息当成一个产业，用信息产业的产值产量掩盖教育本身的价值追求和效益追求。由于一些个人或机构身在产业之中，便常用追求产业增值的目标否定或绑架教育的价值性和内在逻辑，比如以"智慧课堂"来装饰用信息技术对教学进行全程监控，对不同教学环节进行权利不平衡的信息采集，教育信息化的产值上去了，但教育人本化程度却下降了。

同样值得警惕的是，用简单的信息覆盖教育外表，忽视教育的专业性、纵深性。教育活动已经有数千年历史，是延续数千年的专业连续体；现代信息技术不过百年历史，它的集合相当于一个饼状体。前者可以穿越后者，后者不可能包裹前者。数千年的教育智慧可以借助信息技术发挥更大作用，信息技术不可能掩埋数千年的教育专业智慧，人的健全成长永远是教育目的，再先进的信息技术也只能是手段和工具。

最后一层迷雾是，只看到信息技术对教育的"破"，没有看到教育怎样运用信息技术的"立"，未能注重教育在新基础上的"立"。教育需要积极主动迎接信息技术，根据利与害、适与不适的标准，有态度、有判定、有选择地利用新的信息技术。

以人为本是发展教育信息技术的基本原则，信息技术在教育上的使用，需要使人得到更健全的成长，让每个人获得更多幸福与尊严。

音乐课该跨过"每课一歌/曲"这道坎儿

如今的音乐教育,被不少音乐教师称为整个基础教育课程教学改革最落后的科目。2018年教育部基础教育质量监测中心发布了我国首份《国家义务教育质量监测报告》,其中对音乐教育的表述为:学生演唱表现较好,但音乐听辨能力与赏析能力有待提高。在对音乐的节奏、节拍、音色、力度、速度等音乐基础要素的听辨上,4年级学生的题目答对率只有52.9%,8年级只有53.8%;在对音乐作品的风格、体裁与形式、情绪与情感以及名家名曲的赏析方面,4年级学生的题目答对率只有66.1%,8年级只有63.2%。在配备了艺术专用教室的学校中,39%的4年级音乐教师和31.9%的8年级音乐教师从不或很少使用音乐专用教室。

曾经,高等教育艺术类考试文化课录取分数普遍偏低,被很多人认为是考进大学的便捷途径,对高中及其以下阶段的音乐、美术等美育教育产生了功利导引,"短平快"培训服务应运而生,繁荣的艺考培训也对中小学美育正常开展造成很大冲击。美育须符合艺术培养规律,艺术素养只能慢慢积累。如何才能切实提高学生审美和人文素养,让美育真正回归素养本位?

一、不再"每课一歌/曲"是音乐素养整体提升的第一步

长期以来,中小学的音乐课以"每课一歌/曲"为基本方式的教学现象较为普遍,连北京市的大多数区也都是这种方式占据主导,从幼儿园到高中各个学段的教学方式完全一样。这是中国音乐教育的最大病根和痛点,是学

生可能会唱歌但是音乐听辨鉴赏能力不高的主要原因。

在学理上，螺旋式上升教学原理难以发挥作用。中小学必修的音乐课课时之间常常相隔几日或数日，如果只围绕一首歌曲/乐曲展开而没有温故而知新的内容辅助、环节设计和教学策略的机制跟进，即便运用再多的演唱方式、教学手段和先进方法，音乐课也难有质量的提高和积累，难以实现教学成果持续提高和延伸的教学质量。持续缺少获得深层次审美体验和艺术概括的感性基础，学生在音乐感受、体验、认知和理解上就无法前进。

因此，中小学音乐课堂教学质量提升、国民音乐素养整体提升的第一步就是要迈过"每课一歌/曲"这道坎儿。

二、开齐开足音乐课程以提高音乐教学效率

不只上好一节音乐课，更重要的是以课课联系、螺旋式发展、双相衔接为目标上好一个学期、一个学年的音乐课，以持续改善、稳步提高学生审美和人文素养为根本。

根据《义务教育课程设置实验方案》和《普通高中课程方案（实验）》的规定，小学每周通常要上2节音乐课，初中1节课，高中1节课（高三通常不设音乐课）。一个普通学生完成12年的音乐课业通常会有594个学时（约409.5个小时）的音乐学习时间。

《学校艺术教育工作规程》早有"开齐开足艺术课程"的规定，却难以落实，学校音乐课开课率整体偏低。调查显示，城市中小学开课率在70%左右，乡镇在51%上下，农村则在37%前后徘徊，如此可观、宝贵的音乐学习时间却未获得与这些音乐学习时间相匹配的结果。

普通学校音乐教育高质量发展的道路应该从音乐课的教学实际情况出发，从普通学校音乐课程教学基本规律、学生身心发展规律和音乐艺术自身发展规律出发。需要真正把"小课堂"塑造成舒展感性、积累热情、富足精神的大园地，把"小学科"塑造成涵养思维、锻炼性格、陪伴终身的大素养，让音乐教育成为以美育人，培养青少年美的素养的重要途径。

三、进一步提高音乐教师的教学技能和专业素养

教师向每一节课要欢声笑语，要质量，要效益，要成长积累，这是基础音乐教育的崇高使命。

高等师范院校目前培养音乐师资普遍不重视教育理论素养的培育，普通学校音乐课程教学诸多基本的学理问题几乎无人问津。孩子的音乐学习规律究竟是怎样形成和发展的，其间的音乐概念发展、能力素养结构和人文理解又该怎样循序发展，如何满足儿童主动适应自身不断增长的感性体验和审美情趣的主观需求，满足青少年获得主动适应国家和社会发展的审美能力和人文素养的客观需要，这些问题没有得到学界关注，影响着基础音乐课程教学的高质量发展。

音乐教师需要考虑如何根据不同学段学生能力素养发展的实际需要和已有积累，针对某个或若干关键学习点促使学生在一节课上真切获得、有效应用和承上启下，这就要求教师善于围绕关键学习点选择适合的作品施教。教师需要对经典作品了如指掌，透过音乐分析，精准掌握某一作品独特的个性表现点，和作曲家其他作品、同时代作曲家作品等的共性表现点，再按难易水平将这些关键学习点或表现点转化为教学点，做好学段安排、学期设计和课堂路径选择。

音乐教师还应具备较强的相关艺术人文与其他学科关联能力，如立足音乐表现要素与其他艺术形式要素的彼此关联，与其他学科、人文社会的横纵衔接、挖掘和拓展能力。

四、让孩子获得实实在在的音乐感受

匈牙利著名音乐教育家柯达伊曾言：应该在每节课结束时使儿童感到增长了力量，而且盼望着下一次音乐课的到来。

确保学生在每一节课都有实实在在的音乐素养获得，就是要确保每一节音乐课后孩子们都能够感受到力量的增长。学生在小学阶段充分奠定持续的音乐兴趣和扎实的音乐素养基础，初中和高中再进行开放的主题教学，他

们对音乐的热爱和音乐素养的持续提升，其审美和人文素养的水平，必将能够支撑起他们终身发展和适应社会未来发展的多样化、复合化、不确定化的需要。

音乐教育的根本还是用音乐育人，以文化人，立德树人。高质量学校音乐教育教学要循序渐进、温故知新、精准施教、触类旁通、学以致用、以乐教人、以美育人……不让每一个设计无趣，不让每一个环节随意，不让每一个过程模糊，不让每一个方法失效，全方位提升音乐教学操作的精益水平。尽最大力气，让每一名孩子都能够享受到音乐课的好玩与开心，享受到音乐艺术的感性陪伴和力量，获得稳定、实在、可持续的音乐素养提升。

同时，要打通学校、社会和家庭的育人通道，课外社团课内化和课堂教学课外化，形成合力，让课内课外互为支持，让校内校外相互渗透，让学校、社会、家庭彼此协调起来，实现音乐育人一体化、生态化、可持续发展。尽最大智慧，把学校音乐教育和社会、家庭音乐教育联通起来，让课内课外一体化协同推进音乐教育。

PART 4

第四辑

激活基础教育

提高公办中小学活力具有重要意义

教育部发布了2019年全国教育事业发展基本情况的统计报告。统计报告显示，除中等职业学校外，民办小学、初中和普通高中的学校数量及在校学生人数都实现了不同程度增长。结合历年数据，可以清晰地看到这一趋势已延续十余年之久。相较于公办中小学，民办中小学在校生数量增长较快，显示出更强吸引力和发展活力，公办学校活力则相对不足。

由于相关政策调整不到位，客观上造成公办学校活力不足。具体来说，一是经费拨付程序缺乏绩效考核，难以形成责任压力，难以激发公办学校活力。二是公办学校管理主体的层级差异造成学校间不均衡，形成负向攀比而缺少活力。三是政府与公办学校之间责权边界不清，抑制了学校活力。四是评价过度单一集中，主要是看升学率，导致包括公办学校在内的中小学无法展示活力。

当前教育的主要矛盾是人民对美好教育的向往与教育发展不充分不平衡之间的矛盾。人们向往的美好教育是优质的、公平的、多样化的教育。"十四五"时期我国将进入新发展阶段，人们对美好教育的需求将更加强烈，美好教育也将在国家和经济社会发展中发挥更显著的支撑作用。对激活公办学校活力的关注和讨论，应置于这一宏观背景下。创造良好的教育生态环境，让公办学校担起"办人民满意的教育"的重任，具有重要价值和意义。

公办学校能否在解决教育的数量与质量矛盾、供给与需求矛盾、效率与公平矛盾三个方面发挥应有的作用，是衡量公办学校是否有效激活的主要标准。公办学校与政府间现有关系决定了激发公办学校活力的责任主体是各级政府。各级政府应确立教育发展的整体平衡观，将公办学校作为实现教育平衡而又充分发展的教育供给主体之一，整体全面地发展各级各类教育，协调好政府与学校、公办学校与民办学校、权利与责任、投入与绩效等各方面关系。

对于公办学校来说，也要应需而变，激发活力。首先，要明确定位。公办学校在世界各国的基本定位都是履行社会的基本公共服务职责，从长远看，公立学校要坚守属于社会基本公共服务的"保底"职能，将教育底部做平做大做厚，将现有的类似树根状分布的底部公立学校优化至少 80% 的公立学校的底线是平的。这个"底"越厚实，就越有利于保障教育公平与社会稳定。

全国教育发展不充分、活力不足、面积最大的部分，依然是义务教育阶段的薄弱学校，这部分基本都是公办学校，尤其是农村地区的学校。激活并改造提升它们是实现教育平衡与充分发展所必须攻克的难关，需要对薄弱校在管理、评价、经费投入、办学条件、教师质量、办学水平等方面采取适合当地情况的措施，促进这些学校自主提升。

其次，减少管理主体的层级，应把公办学校变得更加"扁平"作为长期目标，可通过减少层级为激发活力、实现平衡创造更适宜的体制条件。我国基础教育实行以县为主的体制多年，基层学校管理的层级多是导致不均衡的体制性原因，有必要减少县级以下学校管理的行政层级，改变现行"县局—乡镇中心校—农村小规模学校"的垂直式分包分管模式，撤销中心学校的行政管理职能。无论学校大小，由县教育局在人事、财政经费、信息发布上直接与学校联系，将管理功能的重心下放到学校内部，让学校成为一个职能相对完善的教学、管理、评价组织。

此外，可探索建立多方参与、具有平衡性的教育治理体系，同时推广增值评价。作为一种相对而言更加综合的评价，增值评价可将义务教育巩固率、义务教育均衡、开齐开足课程等纳入考核范围。对学生的成长而非几次考试的绝对分值进行评价，可在最大范围内激发普通学校教师的积极性，更好满足学生的多样性需求，从而提高公办学校对学生的包容性和吸引力。

办与时代同行的高中教育

高中是现代学制体系建立以后设置的国民教育独立学段。之所以独立设置，是由于它所对应的年龄段特征独特：学生大多处于青春期——从青少年向成人过渡的重要时期，在生理与体能上处于快速发育成熟期；成长与发展的目标相对独立，需要通过高中阶段的学习完成规定的学习任务，迎接高考这一进入职业生涯前人生的第一次关键筛选，还需要更好地形成自己的人生观、价值观、世界观。

中华人民共和国成立以来，包括高中教育在内的各类教育发展取得巨大成就。1949 年能进入高中阶段学习的学生约为 20 余万，毛入学率仅为 1.1%。新世纪以来，特别是党的十八大以来，我国普通高中教育快速发展，截至 2018 年底，全国普通高中 1.37 万所，在校生 2375.37 万人，高中阶段毛入学率达到 88.8%。

高中教育在快速发展的同时也遇到了新的问题和挑战。由于就学机会扩大，就读高中的学生成分与特征也就发生了变化。当下高中学生分布与诉求更为多样，高中阶段有优秀的学生，也有学习不够努力和主动、视野不够开阔、学习自觉性与自我约束力不强的学生。而决定高中生未来的高考对学生的评价标准又相对单一，导致高中阶段的教育过于重视刚性的知识学习与考试分数。教育实施不全面、片面应试教育倾向严重、唯分数唯升学率论英雄成了当前高中教育正在着力解决的问题。

习近平总书记在全国教育大会上强调，"新时代新形势，改革开放和社会主义现代化建设、促进人的全面发展和社会全面进步对教育和学习提出了新的更高的要求"。加快推进现代化高中教育，应当坚持与时代同行，坚决扭转片面应试教育倾向，培养德智体美劳全面发展的社会主义建设者和接班人。

2019年6月，国务院办公厅印发《关于新时代推进普通高中育人方式改革的指导意见》，明确提出到2022年，德智体美劳全面培养体系进一步完善，立德树人落实机制进一步健全，科学的教育评价和考试招生制度基本建立，普通高中多样化有特色发展的格局基本形成。

第一，办与时代同行的高中教育，要突出德育的时代性，落实立德树人根本任务。习近平总书记强调，青少年是祖国的未来、民族的希望。我们党立志于中华民族千秋伟业，必须培养一代又一代拥护中国共产党领导和我国社会主义制度、立志为中国特色社会主义事业奋斗终身的有用人才。在这个根本问题上，必须旗帜鲜明、毫不含糊。这就要求我们要把立德树人融入思想道德教育、文化知识教育、社会实践教育各环节之中。

第二，办与时代同行的高中教育，要强化德智体美劳"五育"并举。我们过去讲德才兼备。20世纪，毛泽东同志讲我们党的教育方针是德智体全面发展，培养有文化、有社会主义觉悟的劳动者。20世纪90年代，我们在德智体基础上加了美育这个要求。2018年9月10日，习近平总书记提出了"培养德智体美劳全面发展的社会主义建设者和接班人"的教育方针。"五育"并举，强调的是综合素质，这就要求我们要安排好高中各科课程，开齐开足体育与健康、艺术、综合实践活动和理化生实验等课程。别再让"体育老师、美术老师、音乐老师都'病了'"的现象出现在高中课堂之中。

第三，办与时代同行的高中教育，要创新教学方式，促进学生全面而有个性地发展。高考改革的最大特点就是给予学生充分选择权，让学生全面而有个性地发展。如何让学生全面而有个性地发展？紧紧围绕学生素养提升，创新教学方式至关重要。加强学校特色课程建设，有序推进选课走班，积极探索互动式、启发式、探究式、体验式教学等，都是不错的方式。

第四，办与时代同行的高中教育，要发挥好高考的"指挥棒"作用，牵好高中教育改革的"牛鼻子"。《关于新时代推进普通高中育人方式改革的指导意见》明确，学业水平选择性考试与高等学校招生全国统一考试命题要优化考试内容，突出立德树人导向，重点考查学生运用所学知识分析问题和解决问题的能力。2019年高考落下帷幕之后，考生普遍发现高考题明显突出了时代性。比如高考全国卷作文题将五四运动和劳动作为背景，贯彻了习近平总书记在纪念五四运动100周年大会和全国教育大会上的讲话精神，目的是将理想信念、爱国主义、品德修养、奋斗精神作为新一代青年的必备品质，鼓励他们在新时代广阔天地中奋发有为，这就彰显了高考命题的育人功能和"指挥棒"作用。

教育现代化实质是人的现代化，又是人的思想观念、思维能力及社会能力的现代化。对于高中生来说，要学会更好地发现自己、成长自己、发展自己，"士志于道，明道济世"，自觉将个人理想追求融入国家和民族的事业中，做沿着人类文明前进的方向通过创造追求幸福的人，勇担起民族复兴的时代大任。

中高考新政下的中小学教育走向

高考招生改革是教育领域牵一发而动全身的改革，它的初始动机主要是想解决三个问题：其一是减少直至消除学生和高校双向选择权过少导致高校特色发展和学生个性化成长不足的缺憾；其二是转变过于看重一次考试分数的人才选拔方式，改变选拔观念和方法，以综合评价选拔学生；其三是弱化一考定终身，降低高利害的考试给学生及相关人员带来的学习和心理负担。

2014年9月4日《国务院关于深化考试招生制度改革的实施意见》公布，经过上海和浙江等地先后试点，全国31个省（市、自治区）的高考招生制度改革方案已全部公布，原计划到2020年新的高考改革制度全面建立。2016年9月20日，教育部发布《关于进一步推进高中阶段学校考试招生制度改革的指导意见》，基本的目标是推进综合素质评价，缓解"唯分数论"，给学校和考生一定的选择空间。

新的中高考内容覆盖较宽，包括：不分文理科；改进招生计划分配方式；提高中西部录取率；增加农村学生上重点学校人数；中小学就近入学；改革考试形式和内容；招生录取上减少加分，规范自主招生，改变志愿填写方式和录取批次；监督管理上加强信息公开、制度保障、违规查处。

中小学需要适应新的评价制度，加大、加快教育教学改革。中小学教学历来受考试的影响比较大。比较极端的状态就是应试教育，考什么就学什么。但是，考试内容是有限的，学生成长发展是多方面的。不同孩子的优势不同，不可能通过标准统一的应试把各种不同孩子的潜能充分发挥和展现出来。所以中高考改革后中小学顺应改革的宗旨就是要让一些具有不同个性特点、不同优势潜能的孩子，通过新的中高考能够有所表现，更好地发现自己、成长自己、发展自己。中小学需要自觉地顺应变革。

一、在新的评价观念和体制基础上确立新的教学观与课程体系

中高考改革的新意主要体现在以下三点：一是价值定位变了。在高校招生、学生成长、社会公平这三个因素中，原有的高考重在高校招生，新的中高考将学生成长和社会公平更多地考虑进来了，这三个因素同时考虑。二是主体变了。不再是招生办包揽，学生和高校更多参与进来了，给学校和考生一定的自主选择空间。三是评定依据变了。原来是完全凭分数说了算，现在不光是看分数，还要看综合素质评价。

为此，中小学需要更加明确地确立以人为本、育人为本的教学观，更多地着眼于学生成长发展。

新的教学观是中小学应对中高考的基本出发点。在教学、管理上都要做适当的调整：由于考生与高校选择空间相对增大，中小学教学就不要完全盯着考试分数；由于更加关注成长，教学中就需要更加关注过程而非仅看考试结果；由于更加重视公平，中小学教学就不能把重点放在能考上好的高一级学校的学生身上，而应尽可能照应到所有学生；由于招生环节引入多主体参与，教育过程中就要注意提高学生在教学活动中的主动性和参与度；由于评价依据不仅仅是一次考试分数，要进行综合素质评价，学校就要重视并采取切实的措施对学生进行综合素质培养；由于更加重视创新和实践能力，学校就要提高学生的自主学习能力，留出时间和空间，进行更宽口径的教学。

教学观改变上具体可分两个方面：

一方面，在课程上，真正从学生成长发展需要出发设计课程。转变从前"考什么教什么""不考就不教""唯考是学"的观念，需要让课程建设与学生的生涯规划结合起来，更多地依据学生选什么决定课程中教什么，逐渐实现学生的优势潜能和人生志向决定他学什么，学生学什么决定教师教什么，学生学什么决定他考什么。课程规划要以学生的选择为依据制定。学生需要职业生涯指导，课程中就需要有职业生涯指导；学生需要变更课程结构，就

需要对相应的课程结构进行变革；学生需要更丰富的课程，就要设法开出更丰富的课程。

中小学要考虑建立健全学校课程体系。严格执行国家课程计划，开足开齐必修课程的同时开好各类选修课程。学校要切实加强课程意识，全面提升校长的课程领导力和教师的课程实施力。要分类分层开发选修课程，构建必修与选修有机结合的学科课程体系，进一步完善定位准确、特色鲜明、结构完整、层次清晰、推进有序的校本课程方案，满足学生不同兴趣、不同水平、不同选考要求的学习需求。

学校还要注意有序落实课程改进，注意教学时间安排上课程之间、年级之间的均衡性和学科学习的连贯性、可持续性。一是要规范课程开设，严格控制每周课堂教学总时间；二是要做好必修课程分层教学的安排。防止出现为应对学考或选考挤压选修课程课时，从而造成学生高一、高二课程多、课时紧、负担重，高三年级只应对语数外统一高考科目的现象。防止强制性集中补课赶进度、强制性统一设置学生选考科目套餐、强制性简单组合分班等现象的发生。

要充分保障学生的选课需求。学校要从实际出发明确分层教学要求，指导学生根据学习兴趣特长、学科学业基础、专业发展趋向、高校招生要求自主选科目、选层次、选教学班级，合理规划学业。要根据学校师资、装备和发展水平等实际情况科学合理安排课程教学，提前告知选考科目教学班的最大容纳量和师资配置情况，引导学生有序选择。同时要充分挖掘校内外资源，尽可能满足学生的选课需求。

另一方面，在教学上，由单向的教学关系转变为更多的教学由师生双方合作生成。要根据学生当时当地的当下状态和成长发展需要决定教学，而不仅仅是依据知识的逻辑和事先准备好的教案照本宣科。教育教学要朝着每个学生都有自己个性化学习方案与课程菜单的方向发展，将课程学习与创新活动有机融合。尽可能扩大学生自主化学习时间与空间，最大限度地调动学生的学习热情和主动性、积极性，最大限度地提高学习的目的性和有效性。教师要针对每个学生的兴趣、爱好、特长，设计个性化的培养方案以及与之相配套的课程。

新教学观与课程体系的建立是一个较漫长的过程，是教学相长，老师与学生不断相互学习、相互激励的共构过程。

二、转变教师在教学中的角色定位

在原有的考试招生制度里，由于考试分数在升学过程中的权重越来越高，教师逐渐滑向所考知识的灌输者，并且不同教师不断竞相提高灌输的技巧。不少人信奉一个假定：成绩的提高的重要性高于个性成长。他们认为成绩的提高可以通过努力达到，而不只是先天能力的反映，不要顾及学生的天性；认为成绩的提高不只是个人的目标，而且是全班的集体荣誉目标、学校工作的绩效目标、地方政府的政绩。同时，还有一种潜在的观念，认为在教学过程中，关键在于教，而不在于学；考试的结果主要由教师教的范围和方式决定。在这样的考试招生体制里，不仅学生被绑架，教师也被绑架。

中高考改革在一定程度上提示人们，教学效果第一个决定因素是学生的学，教师需要重新定位自己的角色。

教师需要学会与学生协同。中高考改革在给学生更大的选择机会的同时，也给教师更多的教学选择权。学生选科的时候教师成为被选择对象，从这个角度看选科就是选教师；但是教师在这个过程中又不能做稳如泰山的被动选择对象，教师需要依据学生的选择调整、改变并完善自己。甚至要向着每个教师拥有自己更多更大的教学与课程主导权方向发展，以实现师生双方在选择过程中双赢。理论上说，教师是教学与课程主导权的最佳拥有者，现实中教师的教学与课程权利在原有高考招生制度中越来越有限，中高考改革给了改变这种状况的一次机会，师生需要在互动和相互改变中达到更优的选择结果，这样才符合考试招生制度改革的初衷。

教师需要更多地转型为导师。教师不再只是教课，而是助力学生成长，丰富学生的成长过程。新的中高考要求教师不仅仅需要把课程教好，还要求教师了解学生的特点和需求，为他的人生选择做参谋，并依据学生的特点和需求选择课程的内容和方式，让学生感兴趣。学生的学习过程伴随着更多的选择，需要真正的及时的导师提供可信的指导，教师要负责为不同的学生搭建各不相同的知识骨架,根据学生兴趣和职业规划制订指导性学习计划,使学生在学习、实践,再学习、再实践中有针对性地发现自己的知识需求,完善自己的知识结构,提升自己的实践能力。

教师由主演变为导演。新的中高考在较大程度上改变了学生的学习,试图培养学生由接受知识的容器变为有自主人格的人,由对考试的准备变为对人生的理解,由对知识的背记变为对规律的总结,由内向羞涩变为勇敢大方,由自私变为热心公益。教师随之需要做些改变,由依靠经验变为通过科研确定如何工作,由重复现成变为依据新的学生需求与学生相互生成,由学生的师长变为与学生交朋友。教学就是师生走向创造过程中的共同体验、感悟,在探求真理路上的同伴。

简而言之,教师需要向专业化、开放型、民主型、专家型转型。

三、改进教学组织形式与方法

中高考改革使得中小学必须改变教育教学方式、教学组织形式,其中最为突出的两大变化是学生个体的个性化需求需要得到满足,沿用了多年的行政班级需要进行改进。相应地,也需要改变教育方式方法。

中高考改革给个性化教育和教学开启了大门,但个性化教育教学能走到哪一步,既与考试招生制度改革的进程相关,也与众多学校的教育教学组织形式与方式能否跟进改革直接相关。如果教学组织与方法不进行改进,中高考改革的效果可能会发生畸变。

个性化最重要的实现路径是让学生自主选择。选考需要学生根据学业基础和兴趣特长自主选择。对此,不少教师和家长都比较担心,生怕孩子选错了,吃亏了。现有中高考给学生的选择本身是极其有限的,如果这点有限的选择权都不给学生,那么他的学习和成长动力就严重不足;同时,不让学生选择就没有试错体验,就不能培养自主选择能力。

服务于学生的自主个性化选择,中小学必须进行更多照应到个性的教学,这方面没有标准的模式,各校要依据自己的情况探索,每位教师也要根据自己和学生的情况探索,不能期待简单学习别的学校与个人。

分层教学、分类走班是个性化教学在学校管理这一更为宏观的视角下的实现路径。究竟如何分层又是较为复杂的问题，可分为学生选择或教师依据学生的该门功课学业成绩决定，或两方面同时考虑，还要考虑到学生的发展变化情况进行适当调整。

选课走班是高考改革后使用频率最高的教学组织方式表述，不少人认为它是新的班级类型。但在这方面也不存在一个固定的模式，各学校要尽可能走适合自身的发展之路。行政班是班级授课制产生后被广泛使用的教学组织形式，事实上各国的行政班本身就各不相同，中国在1950年后在一定程度上强化了行政班的管理功能，在一定程度上演变为同一班级教学齐步走的状态；在此情况下，选课走班相对而言就显得是一种反差明显的改变。

如果选课走班组织得不好，教师的教学没有依据组织形式的变化而改进，在选课走班制势在必行情况下，依然会出现选课走班的效果一无是处的局面。面临这种局面，各方面都可能陷入被动。实际当中，各校还是需要依据自身的现状、能力、资源和未来发展的定位确定一些具体、个性化的选择方案来应对中高考改革，在进度、程度和范围上都需要量力而行。比如选课走班是对学生自主选择学习的充分尊重，也在考验学校校长与教师的理念与智慧，各校要确定适合自己的选课走班方案、课程组合。一些实力不强的中学适合开设自身存在优势的有限组合，而不宜追求大而全。也可通过限制相关因素选择最适合自身的方案，让学生与学校之间相互选择。

对教学组织的改进又不能仅限于选课走班。在教学内容上，各门学科都需要根据不同学生的兴趣爱好扩大阅读面，增加实践活动机会，不能囿于教材。实质上各学科的教材仅是个例子。

还可以开展多种主题活动。在拼考分的情况下，几乎所有学生都将自己的全部精力用在有限的考试内容上，学习方式是不断刷题，不参与社团活动；义务教育是一种达标教育，在只看考分选拔的时候，几乎所有人忘记了达标即可，而要竞争考出更高的分数上一所更好的学校。中高考改革给出了新的空间，学校用60%的时间完成义务教育课程标准的要求，用40%的时间开展丰富多样的主题活动是可以追求的理想境界，以使学校教育更加多样化，满足学生多样性成长发展的需求。这样做的基本目标是让义务教育更完整,更多样,更好满足不同学生成长发展的真实需要。在开展主题活动中,扩大学生的自主选择性,倡导"扬长教育",才能减轻学生的应试负担,防止群体性偏科。

四、更新教育教学管理与资源配置

教学的个性化与精细化必然带来管理工作的复杂性与管理方式方法升级。中高考改革和选课走班后中小学校普遍感到教师和教室不够用,其实这还仅是表层问题,更深层的是管理理念与管理模式必须变革。

面对现实,学校如何适应?对此,不同学段在管理方面都要做出相应的调整,但方式和侧重点是不同的:高中阶段主要是调整课程以适应学生选科的需要;初中阶段的教学管理则应该给学生更多的自主选择时间与空间,为学生创造条件通过活动与体验发现自己、发展自己,为此后的选择明晰方向,减少误判;小学阶段教育管理更需要进一步放开,让学生的自主空间更大。

为此,中小学都需要尽快逐步消除大班额,让班级规范,有条件的地方可实行小班教学,确保每个学生都能获得教师足够的关注,他们的学习需求获得充分满足。

个性化、小班教学、选课走班,无论是哪种改变都增加了对学校教学资源的数量与质量的要求。为了解决资源不足的问题,各校要充分利用在线教育教学资源,充分利用互联网进行教育教学的管理、评价,以信息技术促教学效率及学习方式的变革,实现教育教学管理的变革。

为此,学校需要综合运用管理各要素,在新的中高考背景下明确管理目标,落实国家新课程标准和新课程方案,加快选修课程和校本课程资源开发,规范学生综合素质评价,科学指导学生进行生涯规划,建立教育质量评价监督机制,实现学校优质高效管理,提高教育教学质量,而非仅仅从某个方面做局部的改变。

由于中高考带来学校各方面工作不少新的变化,在明确新的目标后,还需要分轻重列出具体工作任务,确定工作内容和要求,明确责任机构和责任人,密合责任链;充分考虑学校长远发展需求、教学活动开展和学生选科情况,合理配置学科教室、配套装备、常规实验室、功能教室、心理咨询室、探究实验室、创新实验室、生涯规划指导中心等满足新高考课程开设和学生学习的教学资源;优化教师资源配置满足"选课走班"后的正常教学需求,尽量减少甚至消除学科"短板"。

长远考虑,普通高中需要向多样化、特色化方向发展,以满足不同潜质和兴趣爱好学生的发展需要。有条件的高中学校还可与高校合作,积极开展具有学科特长和创新潜质人才的培养。其中部分普通高中学校可探索发展成"综合高中",建立普通高中和中等职业学校合作机制,探索课程互选、学分互认、资源互通,给学生提供更多选择机会,满足高中教育多样性需求。

多数学校需要重建重构教育教学常规管理制度。高中学校要突破传统行政班单一管理模式,探索建立行政班与教学班并存,班主任和导师制结合,学科学业评价与学生综合素质评价、过程性评价与终结性评价并举的教学管理模式,研究制定适应本校特点的教育教学日常管理制度并科学组织实施。同时建立学科教学质量监测机制,强化学科教学质量评估,全面实施学生综合素质评价。

各校还应积极推进信息平台的建设与应用,以教育信息化提升学校教学、教研、管理与服务能力。建立并完善教师和学生身份认证、智能化排课、选课走班、上课评课、作业布置检查、成绩统计分析、学生综合素质评价、考勤管理、自主管理等学校内部管理系统平台,解决学情数据采集、智能组卷、智能批阅、智能学情动态诊断和个性化辅导等关键问题,实现因材施教。加强基础数据分析应用工作,充分利用信息化管理平台,及时进行校内选课走班和学情数据统计分析,为数据共享、应用拓展、科学决策提供技术支持,适应新高考背景下培养和选拔人才的需要。各学校要以应用为核心,安排专门机构、专业人员负责管理,专门研究、充分利用基础数据及时观察、分析和解决教育教学中出现的问题,充分发挥数据的应用价值。

要积极探索信息环境下的教与学的方式转变。针对新课程方案和标准要求,结合现代化教育技术,重塑课堂教学模式与方法,开展微课、慕课、翻转课堂等新型教学模式和新型教学手段的试点示范应用，拓展电子教室、移动学习终端、仿真实验室、创客教室等新技术、新媒体的教学应用。

五、与中高考同步改进中小学教育评价

评价是与教育教学相伴的过程，中高考改革是将评价过程的两个关键环节改了，与日常教育教学相伴的学校评价也需要做相应的改变：建立健全中小学教育质量综合评价体系和综合素质评价管理系统，包括建立综合评价指标体系、健全评价标准、改进评价方式方法、科学运用评价结果等；完善推进评价改革的保障机制，包括协同推进课程教学、招生考试等相关改革，加强专业基础能力建设。

在实施综合素质评价后，中小学也需要改变仅仅使用考试的评价方式：一是强调注重全面客观地收集信息，根据数据和事实进行分析判断，将评价建立在大量客观真实数据支撑和科学分析的基础上，改变过去主要依靠经验和观察进行评价的做法；二是强调注重考查学生进步的程度和学校的努力程度，改变过去单纯强调结果不关注发展变化的做法；三是强调注重促进学校建立质量内控机制，改变过于依赖外部评价而忽视自我诊断、自我改进的做法。

适合的教育才是好的教育，中小学确实需要了解中高考改革的新的动向，对学生的评价不能完全盯着分数，要把学生全面的成长发展作为一个重要的因素来考虑，平衡国家和学生以及各方面的利益，各个学校要依据新的评价理念做好自己的评价。

中高考改革不只是教育部门的事，考试招生改革尤其需要教育教学改革的配合，需要所有相关当事人都参与，都要肩负起自己的责任，学校是其中的一个成员，要注意多方联合、协同推进，要让考试成为学生成长发展过程中的助推器、服务器，让中高考为学生成长发展服务而不是限制。在义务教育阶段，应该避免过早地让学生进入竞争状态，注重提高学生实践、分析和解决问题的能力，引导社会和家长树立正确的教育观、人才观、价值观和质量观。

好校长"动"起来，好学校才能"走"起来

北京等地教育行政部门启动了校长流动制度，推进教育高质量均衡。关于校长轮岗已经有不少专家从不同角度做过阐述，但今天，我们更应该看到，校长轮岗本就是具有一定专业素养的校长携带自持的教育学理的流动，这样的流动本身是教育学理的传播，也是教育学理与不同学校多样、变化的教育实践碰撞过程中的不断积累与丰富，并通过这样的过程发挥惠及更多学生成长的社会效应。

一、校长的风格就是教育学理

中国现代第一批学校的建立，不是因为办学者有了钱，有了房子、设施，而是因为像王国维这样一批有为青年立志于民族复兴，从国外带回了现代教育学理，有了现代教育理念。这些理念好比种子通过各种媒介播撒到中国各地，成为强大的动力，才办起了一批带有示范价值的现代学校。

在新文化运动后的一百余年，一些学校因各种原因发展中断了，一些学校品质降低了；一些学校却能长兴不衰，一些学校遇到曲折后再度兴盛。各校发展出现不同状况，当然有经费、管理、社会环境等方面的原因，但更深层、更持久、更关键的原因在于这些学校的教育学理和教育精神依然保有还是进入贫困、消失的状况。韩愈说"道之不存，师之不存"，没有学理智慧的学校虽然形体尚存，品质却自然下降，那些保存了教育学理资源并使其发挥作用的学校才能保持久兴不败。

当下办得比较好的学校，无外乎两大类：一类是长期坚守、遵循教育规

律、不断积淀的历时较长的老学校,这类学校占优质学校中的绝大多数;另一类相对少数,它们是建校时间不长,但学校发展过程中某一关键当事人为该校带来教育专业常识和理念,并将它们贯彻于学校的管理、评价和教学活动之中,使学校品质迅速提升。前一类学校说明对教育学理坚守的重要,后一类学校显示教育学理对学校品质快速提升的必要。

二、教育学理能在不同学校间流动吗

实现教育均衡是近20年各级政府一直在努力的目标,而在以往主要关注学校的物质条件、生源、师资或学校布局、经费投入,这些改变的确能为均衡打下基础。

对各地学校实践的大面积调查显示,在各校硬件差别不大、政策相对一致的情况下,当地居民仍能明显地感受到哪所学校比较好,哪所学校比较差。而在部分地区的农村小微学校,往往能因一位有专业见识的校长到任,在三五年内使得学校面貌大改、师生信心倍增、教学绩效提升、社会认可度提高。将当下大量学校活力不足与少数学校活力充足的案例进行分析对比,不难发现校长的专业见识、能力在教育均衡上能发挥的作用越来越显著,越来越关键,越来越显得必要。

在社会对教育的需求由"有学上"提高到"上好学"以后,对教育均衡的要求主要不在于硬件设施,而在于软件和专业资源,在于教育学理能否有效运用于学校运行的各个环节。

一所好学校常常与一位好校长天然联系在一起,好学校是专业见识深远的好校长长期经营的结果,维持他们之间的结合就能在长时间里办出更好的学校。这种状态在教育尚未普及的时代没有什么不妥,但是在已经实现普及、追求公平的义务教育阶段任其存在就是放任不同学校之间的差距拉大,就无法实现均衡与公平普惠。

正因为此,必须设法让具有较高专业素养的校长流动起来,才能满足当下教育均衡对深层影响办学品质的教育学理流动的需求。

三、教育学理的流动将更快实现教育均衡

校长是教育学理的承载者，校长的流动瞄准了教育学理流动的当事人，有助于相对薄弱学校建立信心、凝聚人心、找准问题、设计方案，提升办学品质。

各地实行校长轮岗都是在校长职级制基础上进行的。校长职级制使校长身份得以转换，他不再是行政官员，不是公务员，没有行政级别的高低，从而淡化官本位意识。校长职级制中的校长基本身份是专业人员，从一所较好的学校到一所较小较薄弱学校任职不会改变他的校长职级制，这一机制也促使校长们全力以赴向专业方向不断提升。

北京市在2021年探索建立中小学特级校长流动制度，将特级校长评审指标的20%作为校长流动专项指标，要求特级校长须到本区对口合作交流的郊区学校、农村学校或新建学校支援工作3年。这种做法针对差距，抓住两端，顺势发力。在北京市2019年底评选出的首批93名特级校长中，多数为教科研领域的知名校长，他们在教育学理方面的积淀是助力他们成功入选的重要条件之一。

通过让特级校长"动"起来，将积淀的教育学理传递、应用到更需要、更稀缺的乡村学校，在具体业务上，有利于新任学校的学科建设、教师成长和学校的管理质量提升；还会开阔新任学校师生视野，惠及师生成长，不只促进当地教育水平整体提升，也为乡村学校能够实现长远发展做好教育学理铺垫。

校长的轮岗流动还能带动学校多种资源的流动。调查显示，薄弱学校大多位于落后社区，这类社区与学校同外界的各种交流明显少于优质学校和其所在的社区，校长轮岗在一定程度上也能加强校际的交流，开展教学与业务观摩、交流、主题研修、专题调研，建立跨校学习共同体。

四、如何避免"千校一面""人走茶凉"

校长轮岗本身不是万能的，对于校长轮岗的实施需要避免单向思维，或

仅有"一轮永益"的措施。

影响校长轮岗的具体条件包括：所选校长适合轮岗，轮岗校长本身是主动自愿的，具有较强的应变能力，能在新环境中自主生成；所选学校确实需要轮岗校长，或者通过校长专业资源引进确实能得到改善；轮岗的政策环境稳定，轮岗所需要的相关支持及时到位。那些偏经验型、习惯于家长式管理、教育学理水平不够高、难以接地气的名校长一般不适宜于轮岗。

校长轮岗对原任校和新任校都可能带来与初衷未必一致的效应，为避免出现不利影响，轮岗前宜在各相关当事人间做必要的考察、沟通，在充分了解、自愿的基础上进入轮岗程序；在轮岗任职期间，需要做好监测与评价，发现问题及时反馈、调整，使校长轮岗机制趋向规范化、体系化和科学化。

对于轮岗校长而言，不能简单将在原任学校的做法复制、照搬到新任学校，需要认真了解新任学校的环境、起点、资源，需要新的定位、设计、目标，避免在原任校与新任校之间形成简单模仿、依附、主副关系，处理好校长与师生的关系，淡化个人魅力的溢出效应，走一段与新任校师生共同成长的历程。

校长轮岗对新任校可能产生的影响主要在于办学理念、教育思想和专业资源、工作方式方法，这些方面发挥影响的过程较长，所以不能急功近利，期望短期见效；要给校长较大自主权，为他们创造深耕细作的条件，不能像记工分那样量化考核。要充分发挥流动、重组的增值效应，逐渐建立和完善校长流动制度，通过新任学校的品质提升实现区域教育均衡，这样才能将真情、专业品质留下，避免"人走茶凉"或政策"一阵风"。

特级校长有责任发挥自身的优势，实现优质教育资源的普惠。若能在一所薄弱学校里带动一群热爱学习、有使命感的人，便是数十年后轮岗校长仍经得起检验的工作绩效。

谨防基层教育四大不良倾向

2019年，我国教育事业在减轻教师负担、明确家庭教育主体责任、承担更多学前教育责任、人工智能发力推动教育等诸多方面进行了改进。但受宏观经济、社会变化影响，基层教育改进面临活力减弱、阻力加剧的困境。其中，四个不良倾向尤其值得关注。

一、管理"一刀切"风气抬头，基层教育活力受束缚

近年来行政控制力快速扩大而又未受到法治约束，教育管理权力趋向集中，"一刀切"的风气抬头，行政部门的单一性与学生成长发展的多样性需求以及学校情况的多样性之间的矛盾凸显。如有的地方教师外出参加教研活动必须经县级教育局长批准，类似做法削弱了学校和教师教学自主权，束缚了基层教育活力。

二、强制普惠或引发幼儿园供给减少和短缺

《关于学前教育深化改革规范发展的若干意见》提出，到2020年"普惠性幼儿园覆盖率达到80%"，公办园"全国原则上达到50%"。目前，实现这一目标面临的最为关键的问题是财政性幼儿教育经费投入不足。2018年，全国学前教育财政经费增长接近9%，但投入总平均值仍仅占财政性教育经费的4%多一点。

调查发现，为提高公办、普惠幼儿园的比例，有地方强制民办幼儿园

转为公办园或普惠园。受此影响，一些民办园不得不降低收费，导致经费入不敷出，终至难以维持基本的运营而停办；城镇小区配套幼儿园由于收费降低导致活动项目减少，难以满足小区居民的幼儿教育需求；一些地方为了提高公办普惠比例停止民办幼儿园的申办；政府认定的普惠园财政经费不到位……上述情况导致不少地方幼儿教育资源在数量上减少，质量上降低，内容和办园方式单一，出现幼儿园总供给减少和短缺，再现幼儿园50余人以上的大班额现象，"入园难入园贵"矛盾以新的形态表现出来。

三、部分基层学校经费到位困难，影响农村义务教育质量

2015年至2018年，国家财政性教育经费占GDP比例分别为4.24%、4.22%、4.14%、4.02%，呈逐渐下降趋势。新冠疫情使各地财政经费增长乏力，教育经费保障的压力和风险增大，基层担心一些地方可能会出现较为严重的教育经费短缺。一些地方基层学校出现教育财政经费到位困难现象。

实地调查显示，在一些地方，中央和省级转移支付的教育专项支出进入县级财政专户后被统筹使用，未全额用于教育。有地方为了防止日后检查还要求学校签虚假的收款单。农村学校公用经费拨付延迟，不少地方乡村学校经费使用需要教师垫付。因故挤占公用经费或经费超时不到位、难到位、难使用，受影响最大的是农村教育和基层幼儿园与学校。

四、现代教育评价体系难发挥作用，诸多难题仍在发酵

2019年，相关减负举措未得到家长普遍认可，原计划2018年和2019年加入新高考改革的多个省份推迟进入，与破除"五唯"（唯论文、唯帽子、唯职称、唯学历、唯奖项）相关的改革落实难。未能立就难以破，根子在于行政权力僭越了专业评价权力，使得专业的现代教育评价体系难以建立并发挥作用，教育治理能力和体系存在专业跛腿，确保评价权力相对独立运行是改进的起点。

总而言之，人民对美好生活的向往与教育发展不平衡不充分的矛盾仍

很突出，教育改进亟须将依法治教与遵从规律办教育作为教育健全发展的双轨，建立可持续的良性教育生态。要依据党的十九届四中全会提出的"共建共治共享"理念改善教育治理，解放教师，解放学生，解放社会各办学主体，尊重并有效保障教师和学生的教学与学习自主权，真正让专业的人做专业的事，让当事人有当事权；尊重学校和各类办学主体的办学自主权与选择权，充分释放教育事业发展生机活力，培养身心健全的人。办人民满意的教育需要给民众更多的选择机会与权利，让民众更多参与教育决策。

每所学校都可以办成有文化传承的学校

校史是一所学校发展轨迹的真实记录,是这所学校办学特色和精神的重要体现,是学校在办学过程中积淀下来的宝贵精神财富。那么,如何让校史活起来,让每所学校都能在积淀中有所创新、在传承中有所发展?如何让每所学校都办成有文化传承的学校?

教育是一种有历史文化的活动,教育过程是一种历史文化过程。教育活动在人类发展进程中已经有几千年历史,它和文化相融合,在很大程度上是一种文化活动,育人也主要通过文化来育人,学校正常发挥育人功能就必须是一个有文化的场所。

但现实中,不少学校没有深刻地认识到教育的这一特征,往往仅把教育当成知识的传授,甚至当成一种培训,这就使得学校的文化育人功能、历史育人功能得不到充分发挥;甚至一些人为了提高考试的绩效而有意淡化学校的历史文化,使得越来越多建筑很漂亮、考试业绩很辉煌的学校变得越来越没有"文化"了。

一所学校的文化和历史育人主要体现在两方面:一是宏观方面,即利用宏观的文化和整个社会的文化进行育人;二是微观方面,即运用学校在历史发展过程当中的一些文化、一些人和事来进行育人。这里我着重讲微观方面——运用学校的历史文化资源进行育人。在这方面不同的学校有不同的认识,相对来说,历史比较长的学校、有延续性的学校可能会更加重视、重用学校的历史文化在学校教育中的作用;而历史比较短的、缺少历史文化积淀的学校则大多数比较不重视运用历史文化资源进行育人。甚至有一些学校会进入这样一种误区,即认为我这所学校本身没有什么历史文化积淀,所以就根本不考虑运用学校的历史文化资源进行育人。

这种误区的产生事实上是对校史的理解出现偏差——学校存续时间短就没有历史。其实校史与学校存续时间长短没有必然的关系。举个例子：陶行知曾经在南京创办的晓庄试验乡村师范学校，即后来的晓庄学校，这所学校总共只有三年的办学时间，却积累了很多的历史文化资源。而现在我们的中小学大多都有三十年的历史，有的甚至是五十年的历史，有六十年、七十年历史的学校也很多，但是这些学校却不重视对学校历史文化资源的积累和利用，以致这些有六七十年历史的学校历史依然内容稀薄。这样一比较，我们就发现一个很大的问题：长期以来，不少学校一是不注重自己的历史文化资源的积累，即便办校时间很长也没有"历史"；二是不注重使用自己的历史文化资源进行教育教学，这就使得它的教育教学效果大大降低，校史育人的功能就没有办法很好地发挥出来。

校史，是学校存续发展的历史过程，它可能很长，也可能很短。如果一所学校办得很有质量、很有品质、很有内涵，即便校史很短，它依然是很重要、很丰富的教育资源。相对于今年来说，去年的活动就是一所学校的历史文化资源；相对于今天来说，昨天的活动就是历史文化资源。因此我们要比较准确地理解、把握校史的概念。但不少学校并不重视这些日常的积累，往往认为现实的、表面的、当下的就是重要的，没有看到自己的过去、自己的昨天，所以长期以来缺少历史的积淀，以这种方式办下去的学校即便办了一百年也没有真正的校史。

任何一所学校，只要还在存续，就都要注重自己的历史文化，就都要注重积累，将每一天的活动记录下来，这是十分重要的。如果一所学校不注重积累，就永远都没有历史。因此我认为，各所学校，在意识上、观念上、行为上首先要跟上，它才能有真正丰富的、有价值的历史。

那么各所学校应如何运用校史资源做好育人工作？

首先，无论学校的历史是长是短，都要做好日常的积累工作，即做好每日的工作日志，这是基础工作。并且日志应是比较详尽的、完整的、客观的、真实的记录，避免虚夸与雕饰。一日有工作日志，一月有月份大事记，一年有年度大事记，这些逐渐积累到一定程度，就可以在此基础上形成这所学校的校志，校志积累到一定程上则可以逐渐撰修成校史，这个过程要完整。

其次，学校的日志、大事记等留下来了以后，并不是简单地一摞摞资料文字图片摆在那里，而是间隔一定的时间，如一个学期、一个学年，就应该对学校的工作做分析总结。一方面要找前一段时间工作的优势在哪里，明确哪些是正确的、是取得成绩的；另一方面要找经验教训，这一点很多学校没有做好，或者没有勇气去做，总认为自己的工作是取得成就的，实际上有些工作稍稍退后一点就可以看出是走了弯路的、存在浪费和错误的、违背基本规律的，只有自己学校内部做了分析总结才能看得出来。

对这两个方面做了到位的分析本身就有利于学校进一步办好，如果没有对这两个方面做客观的、深刻的剖析，就有可能以前犯的错误继续犯，以前做得比较好的工作也可能被忽视而没有继续做下去，没有了延续性。在定时地对工作进行分析总结的基础上进一步把学校办好，这是各个学校都可以做到的，这就是在利用校史的功能来做好学校的工作。

一所学校，不仅要继承和发扬自身原有的历史文化传统，还必须有新的创造和跨越，只有做到"返本开新"，才能永葆其特色鲜明、发展持续。那么如何"返本开新"？不同类型的学校有不同的应对措施。

对于一些历史比较久的名校，我的建议是：第一，要全方位、多个渠道、多种途径使用校史资源。现在一些学校仅仅将这些资源作为对学生展示的材料，这种方式过于单一，校史的功能也没有得到有效发挥。事实上，其中的关键点是让学校的管理者和教师对学校的历史进行分析总结。历史当中肯定有取得成绩的一些窍门，同时也有曾经经历的一些波折和教训，我们应思考怎么利用这些窍门，怎么吸取这些教训。更重要的是要对校史当中一些具体的人、具体的事进行分析，比如某所学校历史上有一位很有影响的数学教师，可以组织数学的相关教师和教研人员对他的教育方法、教育理念等进行研究学习，并在接下来的教学当中进一步充分发挥其作用。这是一个多点多面的、整个学校的教职工都能参与的活动，但是这种活动很多知名的、有丰富历史的学校都没有去做。第二，就是在学校管理上，从校史里也可以总结经验教训。北京有两所学校，如今都已有两百多年历史，一所在"文革"

时被打得七零八落，另一所，校长很低调，在"文革"当中基本保持了学校的稳定。"文革"之后，这两所学校的情况就截然不同了，后一所学校相对比较和谐，也保留下不少学校历史文物，继续办下来了，教职工对它比较有归属感，有服务意识；前一所学校不只是文物被损坏严重，人心也再难聚拢到一块，没有了共同的目标。从这个例子来看，学校当下做什么都是对历史的一种观照，你当下的行为，事实上是你对待学校历史的一个反映，所以我建议这些历史比较长的、比较丰富的学校一定要敬畏历史，重视历史的价值，做好校史的有效利用，这个工作有很大潜力可挖，有很多事可做。

对一些普通的学校，需要建立这样的观念：普通的学校不是没有历史，只要它有存续期，它就有历史。但是，往往是这些普通学校的管理者、教师，没有历史感，没有很好地去把学校历史当中存在的东西记录、挖掘、呈现并归纳总结出来。这些工作没做到位，所以就使得学校觉得好像自己的历史就是平平的，在时间轴上找不到自己的位置，也缺乏创造自己历史的动力。这类学校首先要做的是确立自己的历史感。

任何一所学校"平平"的历史当中都蕴含着波折，都蕴含着这所学校发展过程中的"生命密码"，要想把学校继续办好，就要找到这个密码。所以一所普通学校，如果能够很好地记录、积累、分析、总结、利用自己的历史资源，这所学校就有可能办得更好。如果它依然很怠慢自己的历史，在无历史意识中度过，它就可能永远都办得一般。这种例子很多，不在此一一列举，它说明事实上很多学校的历史是需要总结的，善于总结、利用自己历史的学校就能办得更好。

对一些历史很短的新建校，如前所述，历史短不等于没有历史。微观方面，它首先要整理好当下的工作日志、月份和年度大事记，进而写校志，注重积累，做这些工作是这些历史不长的学校积累校史资源的一个重要途径。宏观方面，这些学校还应思考如何借用整个人类教育发展的历史来让这所学校有更深、更广的文化基础。当年清华初创之时，校方就感到学校历史太短、历史感不强，相对来说京师大学堂的发展时间会更长一些，所以当时的校长周诒春就请了梁启超来学校做讲座，梁启超的讲座以"君子"为题，他说道："君子之义，既鲜确诂，欲得其具体的条件，亦非易言……乾象曰：

'天行健，君子以自强不息。'坤象曰：'地势坤，君子以厚德载物。'推本乎此，君子之条件庶几近之矣。"此后"自强不息，厚德载物"就成了清华的校训。处于初创时期的清华，历史不长，它就借用"自强不息，厚德载物"来加深它的历史内涵，这是一个典型的例子。那么对于那些历史不长的中小学，清华大学这个例子就可以借鉴。如果学校有一个比较高端的历史起点，那么它的发展才会有更深厚的文化历史内涵，如果在起点上就认为我历史不长，就没有什么历史了，那就是把自己孤立于整个人类社会文化、整个教育历史之外，这是一种比较浅薄的看法，无法充分发挥历史文化在学校中的育人功能，不利于学校的发展。新创办的学校，时间很短，也可以找到自己在整个社会、整个人类文化当中的定位，而后再来确定自己的历史。

一所学校要做到"返本开新"就必须准确定位自己的发展"原点"，那么学校如何定位自己的"原点"？

育"人"成才是教育的核心价值，回归成"人"即回归教育的原点。有的学校把目标放在事上，放在学生的考试成绩上，这类学校尽管办了很多年，但它的历史依然可能比较苍白、比较平淡。只有学校围绕人的成长与发展做了丰富多样的工作，学校中的人才是有活力的、有精神的、有个性的、天性得到充分发展的，这一类学校才会有比较丰富的历史，有文化含量比较高的历史。从一些历史名校的校史中，不管是清华的还是北大的，我们都可以看得出来，它们的某一段校史很辉煌，写了师生参与其中的丰富的活动，如办刊物、建社团、发理论、引思潮、展艺术，显现出一个个鲜活的人；而它们的某一段历史写得很格式化，非常平淡、非常单一、非常缺乏内涵。为什么会这样呢？就是因为在这所学校的某段发展过程当中，没有把自己的定位搞清楚，它的原点不是人，人是被绑架的、是被束缚的，没有得到很好的发展。

因此，每所学校要想找到自己的"原点"，就要依据它所面对的学生的成长发展的实际需要，来安排教学、进行管理、开展活动，规划自己长远的发展，找到相应的教育规律和教育理念对应的方案，这样才能让这所学校的发展更加充分、更加有效、更加符合人的成长发展的需要。

育才学校教育的现代性及其启示

面向 2035 的现代化最关键的是教育要现代化，而教育的现代化关键在于它是否包含现代性。现在有很多人认为过去的学校没有现代性，这恰恰是一个误解，30 多年前我第一次到草街子育才学校时对育才感受最深的就是它的现代性。

一、育才的现代性源于世界现代教育思潮

育才学校现代性的起点在哪里？可以追溯到哥伦比亚大学。因为陶行知之所以成为陶行知，最关键的起点是他在哥伦比亚大学接受了杜威的思想，特别是杜威关于学校和社会关系的思想，使他改变了原来的一些观念，进一步发展成为后来中国人熟知的陶行知。

在 1880 年代前，德国的教育思潮在整个世界占主流，德国的主流教育哲学基础源于康德、赫尔巴特，主要强调知识的作用，强调国家对教育的作用，强调教育要以国家作为标准和目标。1880 年代后，欧洲对德国为主流的教育进行反思产生了新教育，在美国的反思产生了进步主义教育，新教育和进步主义教育都强调尊重儿童，强调人的独立性。陶行知对杜威为主将的进步主义教育理念和实验主义教育方法高度认同，把这一股思潮带入了中国，这是育才现代性的起点。

育才是该思想传入中国后经过了很长时间的积累所形成的现代性学校。在 1920 年前陶行知只是简单搬用杜威的论述。真正有陶行知思想独特性的内涵的出现最早可以追溯到 1925 年他提出了"教学做合一"。经过不断的积

累,到育才时期他的主体思想处于推进普及教育和民主教育阶段。所以育才学校在思想定位上也主要是普及教育与民主教育这两个元素。现在要实现教育现代化,如果定位不搞清楚就没法进行;不了解陶行知思想,也无法理解现代化的内涵,难以实现现代化目标。

二、育才现代性的表征

育才现代性的表征可从三个方面阐释。

1. 育才现代性的表征第一个要素为民主

民主是陶行知的终生追求,生活教育理论的精华,陶行知逝世后被誉为民主之魂。杜威1919年到中国来做的第一次讲座就是在江苏教育会上讲平民教育,讲座的主题是"以平民主义做教育目的,用实验主义做教育方法"。有人将平民主义翻译为民主,即人与人之间要平等。民主在20世纪40年代育才办学时期是中国社会的主题。我在编《陶行知全集》的时候翻看过1911年到1949年间的所有旧报刊,这个时段报刊上的主题词就是民主。

但是在育才学校中的民主不是抽象的,民主是一种生活方式,体现为育才的集体生活、学生自治、集体创造,师生之间"以平等之地位相待",称呼大哥、大姐。我在跟育才的老前辈交流的时候,他们依然常用大哥、大姐来相互称呼,包括学生对老师也是这样称谓,唯独称陶行知为"老夫子",就使得师生之间的平等成为了真实感较强的、生活性的、生动性的存在。

再看给师生们日常使用的《育才手册》,其中《育才十二要》包含的自觉纪律、负责做事、自助助人、勇于为公,这些都是民主的内容。还有《育才学校之礼节与公约》强调学习运用民权基本原则。现在很多老师都没有权利意识,怎么去教育学生有权利意识呢?所以这些内容就显示了民主是陶行知思想的重要内涵,相对于育才的现代性,当下的学校依然是显得不足。

2. 育才现代性表征的第二个要素为创造

陶行知主张要创造,《创造宣言》就是在育才学校所在的凤凰山上写的,我看到过《创造宣言》改得密密麻麻的手稿,显示经过反复的思考完善。《创造宣言》提出的基本命题是"处处是创造之地,天天是创造之时,人人是创造之人",就是说包括被视为"差生"的人均为创造之人,如果是一个真正懂教育的校长,他的脑子里面不会有"差生"这个概念。

陶行知在育才开展创造年活动,并在《创造年献诗》中倡导"努力创造新天地",这首诗把创造辩证的内在逻辑讲得非常清楚。《育才三方针》讲的"迷—悟—爱"描述的就是创造的心理过程,首先你要对某件事情处于迷的状态,然后悟出它的道理,最后爱上它,"迷—悟—爱"的目标是向着创造生活前进。《育才十字诀》强调集体创造。育才学校搞创作年,每个人要制订自己一年的计划,要规划好自己怎么去创造,这显示了创造是育才学校的重要元素。

3. 育才现代性表征的第三个要素为独特的内部设置

育才的学习方式保留了工业时代的班级,但又不只是班级,也有个性化的分组学习。分组的目的实际上就是想让每一个孩子个性化的学习有一个时空的承载。每一个组中不称老师,每一个组成员间的知识水平差别很大,有刚刚入门的对某类事物感兴趣的新成员,还有知识水平很高可以成为这方面专家的学员,他们相互之间学习,没有入学时间的概念,没有年级的概念。学校的内部结构也跟通常是不一样的,陶行知是校长,当时他大多数时间均在重庆管家巷28号,他也经常去凤凰山。育才每个组的主任都是当时各个领域内的著名专家,具有很深的造诣,比如戏剧组的章泯、音乐组的贺绿汀、舞蹈组的戴爱莲都是当时的名家,但是他们当时不常住育才。在主任以下还有组员、指导员与学生,共同组成了这样一种内部结构,既满足班级授课,又满足个性化学习,四分之一的时间让学生就性之所近学习。

育才强调不培养小专家,定位于普及教育,并培养人的特殊才能;强调不培养人上人,为整个人类谋幸福,这是教育现代性的重要标志。中国几千年来儒家思想强调追求做"人上人",陶行知主张"不能做人上人,也不能做人下人,要做人中人",最难的是做人中人,教育最难的是培养学生做人中人。现在的高考体制设计客观上给了一些人做人上人的通道,所以高考招生制度改革至少在观念上要现代化,要培养每一个学生平等的意识、服务的意识。

实际上当下家长、教师、学生本人的平等观念依然未能很好地建立。现代教育培养的人再有才能，你学的知识再多，最终都要为他人服务。育才学校在当时很注重平等和服务精神，通过很多的活动来开展这种教育，并强调不要丢掉普及教育。这是它注重现代性的基本体现。

可以比较一下育才的设置与杜威所办芝加哥实验学校的设置——"不分年级，分组教学，没有考试，没有分数，注重专家引导，召开家长会"，育才与它的设置是很相似的。

三、在中国教育现代化历程中看育才

中国教育现代化不是现在才有的概念，中国教育现代化至少是1861年就已经开始了。1840年中国被其他国家打开国门，但是那个时候没有真正启动教育的现代化，京师同文馆的建立才启动了中国教育现代化。

看育才的时候不能孤立地看，应该将它放到中国教育现代化历程中去看，它是中国教育现代化进程中的一个典型案例，在中国教育现代化过程中才能准确地定位育才。但是我所了解的很多育才的人，好像没有这样一种观念，还是就育才强调育才，包括育才的一些学生、一些校友都认为育才是举世无双的，事实上育才就是那个时代进程中的一个个案，但是它确实是一个典型的个案。

中国教育的现代化到现在依然没有完成，如果完成了就没有必要再来一个《中国教育现代化2035》的规划。我们整个的中国教育都应该把育才作为一个参考点来思考当下教育中存在的问题。我们教育现代化的大方向与主要内涵依然是育才当年所具备的那些现代性，依然为"民主、科学、创造"，如果丢了这些内涵，我们的现代性知识的大楼只是建了一座很漂亮的空房子。

中国教育现代化本身经历过一个退缩期，其间确实出现了挫折、退缩，出现大面积禁区，走向极端和弊端，我们现在应该很自信地承认这一过程，特别是批判杜威、胡适、陶行知以后，我们把本来具有现代性的一些东西丢掉了，使我们的教育出现了很多禁区。这个禁区内的东西就是具有现代性的，结果给它戴上妖魔化的帽子，使得教育现代化进程出现很多的挫折。所以今天我们在继续推进现代性的时候要注意到我们有这样的一个过程,知道这样的历史事实,事实上我们当下的教育规模发展了,教育数量发展了,但是现代性是不是增长了?是不是失去了正常的理智和判断能力?是不是把本来应该有的现代性丢失了?我觉得这是值得思考的,为什么会出现这样的情况呢?根本性的原因是不思想,不能思想,不会思想,导致教育思想教条化。

中国教育现代化依然可能因为非学术、非专业的原因受到干扰。要实现教育现代化最重要的是需要丰富思想,思想家的成长要靠思想市场培育。当AI飞速发展后如果我们的思想没跟上,我们的教育会落后而非现代化。所以要继续推进现代化的关键不是技术发展,而是思想,但是现在依然有很多因素阻碍了思想,阻碍了我们的现代化。

中国教育在现代化进程中仍需要用好育才资源,中国教育继续现代化进程不能忽视、绕过杜威、陶行知的教育思想理论。它们仍然是中国教育现代化的重要资源,对这些资源的重视度依然是不够的。必须重视包括育才在内的当时的很多优秀学校的资源,实际上育才包含的现代化的元素是特别值得我们参考的,比如"民主、科学、创造"等,这里面的内涵十分丰富。育才主张的"以人为本"2010年写进了《国家中长期教育改革和发展规划纲要(2010—2020年)》,当时我是参与者。但是已经过去十多年了,我们落实得怎么样呢?我感觉不太满意。当下不少比育才设施先进的学校,是否真的具有育才那么多的现代性呢?

今天看育才要将杜威和陶行知合在一起来看,看育才的现代性也必须将他们当作一个整体,育才是跟整个人类教育联通的,不是一个孤立的现象。如果孤立地理解就不能理解它的完整意义。很重要的是要把它当成一个重要的资源,充分认识它,利用它办好当下的学校。

目前最紧要的是要走出教育与生活之间割裂的困境,这是我们教育现代化目前遇到的一个关键的坎儿,这个坎儿可以说在100多年前还没有现在宽,现在这个坎儿弄得比以前更宽了。怎么造成这样的?这背后包含了一些哲学问题。陶行知的哲学理论在认知上强调"行以求知知更行";"本体论"就是以人为本,办教育要满足生活向前向上发展的需要;价值论是"人民第一"，民主、自由、创造。正是学习了这些，我一定要站在为大众说话的立场。教育要干什么？教育要满足生活向前向上发展的需要，不是简单地说比拼考分。生活教育有一个很重要的想法是"把生活提高到教育所瞄准的水平，把教育普及到生活所包含的领域"。生活教育理论是解决当下教育难题，走出教育与生活脱离的困境的重要理论资源。

陶缘无限，我在其中。自从1981年进入陶行知研究，交了很多朋友，很多朋友比我大六七十岁，我学到很多东西。但是我也要承担自己的责任，做能做的、该做的事，把教育办得更好。

PART 5

第五辑

重视家庭教育

家庭教育有效的关键在于教会孩子"玩"

家长如何提升家庭教育的水平？让孩子爱学习比要求孩子学习重要，玩就是孩子最有效的学习。让孩子怎么玩是家长需要考虑的事情，其实每个孩子都有表现欲，都想把自己的事情做好。家长要在活动中培养孩子的责任心、合作精神、兴趣、爱好等。帮助孩子在玩中体验遵守规则、克服困难、对自己的行为负责，引导他们懂得他人对自己完成某项活动的重要性，一旦孩子有自己的行为准则就不需要别人监督了。

教导孩子任何事都从小做起才能落到实处。让他们从生活自理开始自我管理、自我服务、自我教育，学会与他人协商、共享。孩子道德发展包括六个阶段：靠惩罚起作用、靠贿赂起作用、靠魅力起作用、靠自律起作用、靠仁爱之心起作用、靠境界起作用。家长可依据孩子道德成长的不同阶段选择方法，激发孩子对自身的高要求才是成就孩子一生的根本。

父母多与孩子沟通，让孩子知晓家庭中的大事、困难，并共同寻找解决办法。从小就与孩子定量分担家务，与孩子商量，为克服困难孩子可以承担什么责任，如少买玩具、少吃零食。尽量避免父母一味付出，孩子一味享受。对孩子的关心、喜爱是教育的基础，贫穷的和睦之家出来的孩子普遍优于富有的、缺乏情感与信任的家庭的孩子。

家庭是情感关系最为密切的场所，家人关系最亲密也容易发生冲突，父子、母女的冲突可能性最大，民主的家庭氛围最有利于孩子创造力发挥到最大限度。父母要细心观察，注意孩子自主性成长发展的状态，平衡情感关系，避免越界，有效利用情感教育孩子。

父子两辈之间的关系通常有两种：一是比较密切、协调的，二是不太协调甚至对立的。父母要找到父子两辈之间的契合点。先天遗传和后天文化环境对孩子发展的影响是父子契合点的依据，在每个孩子和父母之间都客观地、天然地存在着。父母组成一个家庭，自然形成一个文化场，它每天都对孩子产生影响，即便父母没有说任何话，孩子也会在无意识中传承这个家庭的文化基因。

父母可通过日常生活中的摸索逐渐地找到自己和孩子清晰的契合点，以此引领孩子的兴趣，通过一些活动逐渐培育，相互激励，让孩子更加明确自己的方向。经过一段相当长的时间，父母和孩子就会在这个契合点上越走越远。把孩子送到一条实际生活与他的天赋相一致的道路上，父母就应更多放手让孩子自主去实现，不要过多干预。站在路边当观众鼓励加油，孩子也能够自主发展，父母就算尽到了职责。

家庭教育的边界与效力

家庭教育是人生的奠基教育，家庭教育的范围与边界在哪里，自有教育以来就有不同看法。古希腊斯巴达人要把子弟培养成国家需要的战士，男孩出生后即送长老检查，健全的交给父母代国家抚养，由国家统一教育，体弱或畸形的弃于山谷；而雅典教育注重和谐，家庭作为教育的多个场域之一发挥更为充分的作用，也有更大的权利。一百多年前，康有为的《大同书》中提出"公教""公养""公育"的设想，主张孩子出生后交给政府养育和教育。但在整个人类历史上，孩子早期生活在家庭、教育在家庭是较长时期的常态，由社会或政府养育或教育尚有不少问题难以有效解决。

一、家庭教育边界不清影响效力

事实上，孩子的教育首先是自我成长发展基础上的自主教育，在此基础上接受家庭、学校、社会三大方面的教育。在不同社会发展时期、个体发展的不同阶段以及不同文化与社会环境中三大方面的成分与功能会有所差异，但都需要分工合作，达到一定程度的平衡。近些年来，由于各方面对家庭教育的重视，家庭教育的边界需要更加细化清晰地划分，人们对家庭教育的边界问题又展开更加深入细致的讨论，发生了两种倾向：

一是学校教育绑架家庭教育的现象比较普遍。由学校教师训练家长，学校把家长与学生一起绑上应试的战车，作业要家长陪伴、参与、辅导、签字、订正，开家长会主要讲学生的考试成绩和作业。不少家长为了提高孩子的考分，也认为自己应该、能为孩子提高考分做些什么。结果是家庭教育的职能反而被放弃，定位偏移，亲子关系紧张。

二是一些行政部门认识到家庭教育的重要，积极参与其中，却对自身如何定位、怎样才能恰当有效发挥作用未能慎重思考，越俎代庖做了一些超越边界、挤压家庭基本权利与职责的家庭教育。

上述两种倾向客观上都难以发展成为良好、有效、高品质的家庭教育。有鉴于此，2019年，全国妇联、教育部等九部门修订发布了《全国家庭教育指导大纲（修订）》，倡导立德树人、尊重儿童成长和教育的基本规律，引导家长科学教子。其中在原则中明确了"家长主体"，简而言之，家长要在家庭教育中承担主体责任，家庭教育主要权利属于家长，主要责任也属于家长。

二、家庭教育的主责是教会孩子为人

在很多家庭看来，家庭教育似乎就是教孩子琴棋书画以及读写算，这又是当下存在的偏颇。

如果说家庭是每个孩子的第一所学校，只有良好的家庭才能成为孩子良好的学校，发挥良好的教育功能，而非在家庭正常功能之外再设置一些教育，以学校的标准来要求家庭，以教师的标准来要求父母。家庭整体的功能比学校广泛，作为人生的起点和基础，家庭教育的主要职能是教孩子为人、处事、接物。其中关键的内容有平等待人、学会分享与合作、学会与人商量、学会达成共识、学会独立自主、学会建立和遵守规则。

家庭教育要及早尽量发挥其社会与学校等其他机构、其他人不可替代的作用。家庭教育的主要方式包括熏陶、风化、言传身教，需要在家庭生活中养成孩子的好习惯、好品德。以人教人，很难作假，父母要特别注意自己的言行一致性，你怎么对人，孩子就会怎么对人。在家庭环境中可以有一定的知识学习，但知识学习主要职责在学校而不在家庭。

不少家庭在教孩子做人追求上也存在误区，奉行"出人头地、光宗耀祖"的信条，要求孩子做人上人。符合人类社会发展趋势的家庭教育要引导孩子确立人人平等的观念，做人中人，创造自己的幸福、他人的幸福，创造自己和他人共享的幸福。不少家庭一味为孩子提供服务，在这种环境中成长起来的孩子，容易形成"依赖型人格"，缺乏独立性和自主性，责任与权利意识空虚，合群共生智慧缺乏。

在家庭教育中，不能用双重标准对待成人与孩子，比如要想孩子爱学习，自己就要爱学习。家庭教育是终身的，一辈子都在进行，而且是双向的，父母教育孩子，也要从孩子那里学习。

三、家校既有合作又有边界

由于社会教育的主体当下还不十分明晰，目前突出的问题在于家庭与学校间如何相处，简要的原则是既合作，又要分清责权边界。

家校合作是必要的，也是可能的，但不同家庭和学校的情况差异较大，可行的方法是家校在合作中要通过协商划定边界，包括教育内容、责任与权力的边界。家庭要避免过度承揽学校教育，也不能认为把孩子交给学校就万事大吉，一切由学校负责。合作中重要的是相互沟通信息，不要相互告状。

家长需从小培养孩子的责任与权利意识。教育家陶行知的《自立歌》中写道："滴自己的汗，吃自己的饭，自己的事儿自己干，靠人，靠天，靠祖上，不算是好汉"。4岁左右是孩子自主性成长的关键期，家长应该放手让孩子做些自己力所能及的事，给他权利，由他负责。针对孩子的责任与权利，亲子之间可以协商确定，比如先养成对自己负责的习惯，以保证责任与权利的平衡。在孩子成长的过程中，由近及远，逐渐形成家庭责任感、社会责任感。进入学校就能在此基础上自治，自治有助于学生发现自己的价值、发展自身潜力、确立自我发展目标、形成适应社会和推动个体与社会共同发展的意识和能力，从而培养出身心健全的人。

合作意识培养也是家庭教育的重要内容之一。从建立平等、服务、包容意识开始，这是良好合作的前提。引导孩子平等待人，而不只是指挥别人或被人指派；学会为他人服务，平和地应对和自己完全不同的人。

劳动的生活就是劳动教育

中小学生的劳动教育怎么进行？自从中共中央、国务院发布《关于全面加强新时代大中小学劳动教育的意见》后，教育部提出，劳动素养将成为评优评先、高一级学校录取的重要参考或依据。家庭、学校、社会怎样在劳动教育中发挥作用，引起人们的关注。

在中国，有效开展劳动教育需要了解它的历史。中国最早实施劳动教育的是赣南苏区学校，后来在新中国的教育工作中特别重视劳动教育，"教育与生产劳动相结合"写进了教育方针和《宪法》。其中有一段时间所强调的劳动教育中的"劳动"，仅仅指"体力劳动"，对"劳动"概念的理解片面、不完整，并将劳动作为对师生的一种惩罚和改造手段，将劳动与师生成长分离，劳动带给人们的体验是痛苦的。在政策执行上出现偏差，客观上异化了劳动教育，损伤了劳动的光荣感、积极性和主动性，结果使众多人对劳动教育的印象不佳，避之不及。沿着这个方向发展才出现了不珍惜劳动成果、不想劳动、不会劳动的现象。

1980年后，在教育思想解放的大讨论中，教育工作者对此前劳动教育政策执行中出现的问题进行了比较充分的讨论，对劳动教育进行了一定程度的纠偏，考虑到"劳动教育"在逻辑上与"德智体美"不是相互独立的并列关系，具有树德、增智、强体、育美的综合育人价值，所以在此后20多年教育政策文本中不再使用"德智体美劳"并列的提法。

《关于全面加强新时代大中小学劳动教育的意见》强调把握育人导向、遵循教育规律、体现时代特征、强化综合实施、坚持因地制宜的原则，也是为了防止在劳动教育实施中出现各种偏差。

教育家陶行知曾说，"过什么生活便是受什么教育""过的是少爷生活，虽天天读劳动的书籍，不算是受着劳动教育""要想受什么教育，便须过什么生活"。简言之，过劳动的生活才能算是真正有效的劳动教育。生活范畴的广泛性使得劳动教育需要家庭、学校、社会各方面共同担责。

家庭劳动主要围绕家庭生活开展，劳动教育的最终目的是人的健全发展。在家庭生活中，本应该是孩子自己动手的事情父母不要阻止或代劳，比如像穿衣、吃饭、叠衣服、收拾床铺、扫地、擦桌椅，孩子自己没有动手意识就不能正常开展劳动教育。

首先，劳动是生活之中的，不是生活之外的。生活中的需要就是劳动的课程内容：生活需要卫生，保持与打扫卫生就是劳动教育的内容，时间长了孩子就会习惯在整洁环境里生活；生活需要饮食，准备饮食就是劳动教育的过程，品味自己做的食物不仅不会挑剔，还可能练出好厨艺；生活需要待人接物，待人接物就是劳动的锻炼，还会养成热情好客的阳光个性。因此，家庭生活中有劳动机会时要培养孩子自觉自愿参与的意识，有很多劳动技能是需要在劳动过程中慢慢养成的，养成这样的习惯和能力又会促进他施展的欲望。如果在生活之外设定个"劳动"，就会格格不入，就会给人没事找事的错觉，既扰乱了生活，也不会成为好的教育。

其次，儿童有其生活，儿童劳动必须符合其年龄与生活特征。孩子从小就有好动、"自己来"的本能，需要保护而非禁止。比如小学以前的儿童对大自然特别好奇，他们在大自然中的活动就是适合他们特点的劳动，不给孩子安排时间与空间，他们就失去了良好的劳动机会；初中以后的学生进入对社会的敏感期，他们关注和参与社会活动或各种社会服务也就成为这个时段适合他们的劳动，把他们关在学校或家中，难以开展适合他们的劳动教育。

还有人提出"游戏"算不算劳动，大量实证研究表明，游戏是儿童最有效的学习方式，肯定不能将游戏完全排除在儿童的劳动之外，但又不能以游戏是适合儿童特征的劳动为借口沉溺于单一的某种游戏。将适量、需要同时运用多种感官、能促进各方面平衡发展的而非仅仅网络或高度自动化的游戏列为劳动内容，显然是合适的、正确的，也是有利于实现育人目标的。

再者，谈劳动教育，主要看重它对人的成长发挥多大的效益。但在劳动教育中不宜安排那些明显产出不抵投入的、浪费时间和资源的所谓劳动。让学生动手实践、出力流汗后看到自己劳动的成果与收获才能形成正向激励，体会劳动能创造美好生活、创造出新的价值而非为劳动而劳动，才能养成正确的劳动价值观和良好的劳动品质。

最后，儿童真实体验是评定劳动效果的最终依据。儿童乐意干，干得有收获，有成就感、荣誉感，能产生新的兴趣和新动力，才是育人实效性高的劳动。比如让孩子在客人来的时候端茶倒水，与客人建立良好的关系，能激发孩子积极交往的欲望，养成以礼待人的良好习惯，以后有客人到的时候他就会积极主动端茶倒水。

还必须指出劳动教育最可能出现的误区：把劳动当作惩罚。心情不好就让孩子去洗碗是不少家长常用的招儿。劳动教育需要引导孩子树立正确的劳动观，讲清作为家庭的一员有承担家庭事务的责任，从而崇尚劳动、尊重劳动，尊敬劳动者，通过劳动切身体验到劳动的快乐、光荣、有价值。如果孩子做错了什么就让他"劳动"，则只会让他产生对劳动的厌恶、鄙夷，产生离劳动教育目标背道而驰的效果。

不要过度强调体力劳动。完整理解劳动应是手脑相长，身心各种机能都获得平衡充分发展的活动。适度的体力劳动对人的身体健康和能力发展是有益的，过度的体力劳动不仅不必要，还有可能引发畸形发育、抑制其他方面的正常发展。随着科技发展和产业更新，劳动的方式越来越多样化，不能拘泥于要求孩子从事某一种劳动，而是应该鼓励创新，应需而动。

不要以成年人的标准评价未成年人的劳动。曾经有个孩子回家想通过自己主动打水拖地给尚未下班的妈妈一个惊喜，妈妈回家很高兴地夸赞的同时拿起拖把去拖一些还没有拖干净的地方，说了一句"唉，又要我重拖一遍"。这小声的嘀咕在孩子心里留下了阴影，从那以后孩子便很少再主动提出做家务活儿。看重过程与长进给予激励是有效的方式，生活自理是起点，提高技能、形成生活自信是更高阶的目标。

家长若能努力建立一个现代家庭，身体力行引导孩子在劳动的生活中自觉参与、自己动手、看事做事，养成自立立人的意识和能力，懂得平等分担家务，劳动教育就合格了。

让家长焦虑的是电子还是作业

学生作业电子化，近来成为一个舆论热点。参与争论的一方大谈便利，另一方则质疑这种方式增加了家长的负担和焦虑。深入分析关于"电子作业"的讨论，不难发现，各方表达其实存在比较大的误解空间。

家长与学生的压力来自作业多，那么是学生作业本身就多，还是由于用电子方式布置方便带来作业增多？在教师倾向于给学生多布置作业的情况下，使用一种更便捷的方式确实可能增加作业量，但作为布置方式的"电子作业"显然不是主因。按理说，用电子方式布置作业，相对传统方式更方便，也能节省教师与学生、家长的时间，不该一方欢喜一方愁。在这种方式变得普及的过程中，只有那些不会使用或者不善使用的人才会产生压力。

给学生布置作业，为何家长会感到焦虑？问题在于混淆了作业的主体。作业原本是教师布置给学生的练习，学生才是作业的主体，将作业布置到家长群不仅布置错了地方，也造成作业的责任主体混淆，让不少家长误以为自己是作业的主体，或误以为所有家长都必须成为学校各科任教师的助教，对自己的孩子尽到批阅作业的责任，一如教师对他们所任教的学生那样。这应该才是导致家长备感压力和焦虑的根源所在。

以电子方式布置作业仅仅是使用工具的改变，作为一种比在黑板上抄写更为便捷灵巧的工具，它只会减轻负担、提高效率。而且，数字化是未来社会生活中将会普遍使用的方式，对它的偏见和一味排斥，会影响到正常教学。当然，也要看到"电子作业"与其他电子产品一样，有利也必有害。因此，真正解决问题的关键就是找到"电子作业"的正确使用方式，而不是"一刀切"地一概不用。

教师可以在班级学生群布置作业，不宜在家长群里布置作业，让包括学生在内的各方明确学生才是作业的主体，才是布置作业的对象，学生有责任在教学过程中通过适当方式清楚记录作业题，要从低年级开始锻炼学生的作业自主性。对于教师来说，无论用哪种方式布置作业，作业量的多少都应当视学习学业的需要而定，不能因为电子方式布置方便就增加作业量。

此外，在当下电子产品在城乡普及程度存在差异的情况下，教师要依据所教学生的电子工具实际使用情况，选择是否使用、在什么范围使用电子方式。不宜将对学生布置的作业转发至学生家长的即时通信终端，不宜在学生家庭经济条件不具备的情况下对学生的电子产品使用情况提出硬性要求。

关于"电子作业"的讨论，对教育管理者与决策者来说也是一个提醒：要更多地考虑基层和一线教学实际，避免从某种单一方面考虑出发，片面追求单一指标，提出不恰当的要求，从而限制教师依据实际自主选择是否使用"电子作业"。

警惕家庭教育被"绑架"

家庭教育越来越火热,但我认为当下的一些家庭教育,已经被"绑架"了。

首先是来自学校教育的"绑架"。学校要求家长成为"助教",超越了家庭教育的范畴,导致家庭教育成了被动的参与方。

其次是被家长的主观意愿"绑架"。家长将自己未实现的一些愿望和期待,放在孩子身上,要求孩子在学业上考名校、实现某个人生目标等。这也超出了正常的家庭教育的范畴。家庭教育的定位是发挥家庭正常的育人功能,而不是主观有意地要孩子实现某个功利的目标。

最后是被社会的焦虑和攀比"绑架"了。看到别人家孩子的优秀,就想完全按别人的方式来教育自己的孩子,而不是自主地确定应该组建什么样的家庭,营造什么样的家庭氛围,观察孩子自身有哪些特质。完全向外求,有些舍本逐末。

这三种"绑架"都使得家庭教育走偏了。家庭教育本身就是在正常的家庭生活的过程中,父母及其他家庭成员的言行对孩子产生影响。它是自然地发挥教育的作用的。

如果过于强调家庭是学校,就窄化了家庭的功能,就使得家庭的正常的生活难以开展、难以进行,使父母和孩子之间正常的感情出现障碍,出现矛盾和挫折,会对孩子成年的生活留下阴影。

家庭的功能不是学校所能替代的,家庭的功能比学校的功能更加宽广,也更独特,它的定位也不一样。

家庭的功能,主要是一个人生活的基本单元,特别是从传统的大家庭到现在几口之家的小家庭，这个功能更加突显了。它在满足正常生活的基础上，具有教育的功能。父母的言行，会影响到孩子的言行；父母的为人处世，会影响到孩子的为人处世。从这个角度上，它具有一定的教育功能。但家庭的主要功能不是教育，家庭的主要功能是生活。

通过家庭生活的高品位，让家庭生活本身具有更加纯洁、更加积极向上的特征，以此影响孩子的成长，影响孩子的教育。从这个角度来说，要更好地发挥家庭的教育功能，而不是把家庭仅仅变成学校。

"洒扫、应对、进退"六个字，是古人的教育，包括生活的教育、人格的教育，这是中国文化几千年来一贯的传统。这种生活规范，很多是在家庭里学习的。

比如家里来客人了，要主动去接待，给客人端茶倒水，介绍家里的情况，客人有什么问题主动去回答，这就是应对。这是家庭对孩子生活应该有的基本要求。

培养孩子热爱劳动，也是家庭的重要职责。一些父母认为孩子的时间和精力应该用在学习上，而不让孩子做家务和劳动。孩子如果从小就开始做一些家务活儿，家里的东西注意收拣和整理，家里遇到了问题主动和父母一起想办法去解决，他就自然会有家庭的责任感了，自然会对自己、对家庭负责。这是一个起点，有了这个起点以后，孩子才会对社会上更多的人、更多的事情去负责，才会有爱家爱国的情怀。

学会自主规划,孩子一生受益

不少孩子在学习过程中存在被动性和依赖性,不会自主学习和自我规划,也不会自主安排时间,一旦离开老师和家长的督促,就不知道该干什么。培养孩子的自主学习意识和自主规划能力,引导孩子学会制订学习规划,改变被动性,不仅对孩子当下的学习有帮助,对孩子一生的长远发展都会带来重要影响。

做学习规划要以孩子为主体,要有具体切入点,明确要解决的具体问题,比如完成某个学习目标、培养某个生活习惯等,切忌太空泛。规划应具有可操作性,目标是孩子能力所及的,所需材料是孩子能够找到的,使用方法是有实现条件的。当然,还要提前做好准备工作,包括了解孩子当下的学习状况,准备好实施规划需要的相关材料等。

学习规划的内容,根据孩子的不同年龄、不同学习阶段会有一些差别,总的来说应包括学习目标、学习价值、学习方式、时间安排、学习成果等基本要素。

(1)明确学习目标。主题和内涵要明确,不能贪多,不能泛化。比如做"寻根学习规划",追溯家族历史,总结值得借鉴之处,表层的目标是通过了解家族历史了解自己,深层次的目标是了解祖上的生活状况和文化传承,探析家族的发展脉络和遗传特性,为孩子的性格和潜能特征找到依据和参照,帮助孩子找到归属感和发展方向。

(2)陈述学习价值。要明确学习的内容对自己的成长和发展有什么价值。简单陈述学习的价值和意义,可以帮助孩子在实施规划的时候分清轻重主次,找到着力点。

（3）确定学习方式。如果规划的是学校教学内容，一般有学习教材、听课（上网课）、做作业和练习等几种方式。如果是学校教学内容以外的学习活动，还可以用访谈和查询相关文献资料的方式。比如"寻根学习规划"，可以访谈家庭成员和相关研究人员，可以通过各种途径查阅家谱、书信等相关文献。访谈过程要做好记录，为形成后面的学习成果做准备。

（4）制定时间安排表。时间跨度不要太大，如果完成规划用时较长，就需要划分成不同阶段，比如以日或以周为单位来进行规划。要确定实施规划的时间和步骤，如收集查阅资料、访谈、完成学习报告分别需要多长时间，最好明确重要的时间节点。要尽可能按照既定的时间计划去落实，不要随意变化。即使遇到突发情况临时有调整，也要有相应的补救措施或应急方案。

（5）明确学习成果。学习成果的体现最好有实际的载体，如完成一本练习册、写一份学习报告、制作一个视频短片等。成果最好是有标准可检测的，比如居家体育锻炼规划中的跳绳练习，成果可以明确为：经过一个月时间练习，一次连续跳从 100 个升到 200 个。如果没有具体的成果检测标准或依据，规划会很难落实。

在规划的制订过程中，家长最好扮演陪伴者和建议者的角色。要以孩子为主体，结合孩子的优势与薄弱点给予合理建议，尊重孩子的意见，避免将自己的意志强加给孩子。只有当孩子意识到做规划是自己的事情，才能有充分的主动性和责任心去完成。

当然，家长也不要完全撒手不管，尤其对年龄小的孩子，应根据具体情况进行监督。如果孩子的自主性较强，只需在某些时间节点上了解一下情况和进度即可；如果孩子的自主性不强，家长就需要更多关注和督促。家长需要把握好度，不能让孩子产生依赖性，影响孩子自主性的发挥。

家长的另一个重要角色是支持者，提供实施规划需要的材料和环境。当孩子遇到困难时，家长可提供帮助，但切忌大包大揽，要以提升孩子自己解决问题的能力为主。家长还可以教孩子一些实用的方法，如鼓励孩子邀请同伴参与进来，成立同伴互助小组，彼此交流、互相督促，帮助孩子更有效地落实学习规划。

真正爱孩子，则为之计深远。家长不要把目标和眼光仅仅放在提升孩子的学业成绩上，而应该更多关注孩子能力的提升。因疫情居家学习期间，有的家长为孩子没有学到什么东西而感到焦虑，有的家长代替孩子制订学习计划，或花大量时间精力来陪着孩子甚至逼着孩子学习，反而破坏了孩子的学习动力和习惯，得不偿失。

　　学习是贯穿孩子一生的事情，家长不必急于一时。如果能利用居家学习时间培养孩子的自主学习和规划能力，提高孩子独立学习的自觉性和自控力，获得清晰的学习目标和较高的学习效率，将对孩子未来的学习和发展带来积极影响，甚至成为孩子人生的宝贵财富。

万言难以断亲情

一篇长达15000字"控诉"父母的文章引发众多关注。文章作者王某，北大毕业，留学美国，是个不折不扣的学霸。可王某却要彻底与父母决裂，12年没回家过春节，拉黑了父母所有联系方式。他说："如果教育的目的是控制孩子，我的父母就是出类拔萃的典范。"

王某不再想让父母掌控，所以要断绝与父母的联系，但从人类历史来看，可以肯定的是：万言难以断亲情。"断"字在这里分三层意思：

第一层意思是"断明"。仅依据王某的单方面陈述，难以搞清楚他与父母之间的关系究竟如何。看了他所写的文字，不算完整，带有明显的情绪。无论他的智商有多高，在对待父母的关系上，他属于情绪控制了理性。加之父母一方表白太少，邻居和同学的表述不足，各方面信息不对等、不平衡，因此，对这件事做任何判断都需要谨慎。

第二层意思是"断绝"。有人把他写的内容称为"决裂书"，他意在彻底与父母决裂，但从情感上说，天下父母和子女的关系是无法断绝的；从逻辑上说，王某还在写万言书，说明父母仍然在他心中存在，不管他觉得父母的付出是无私的，还是他认为父母是控制孩子出类拔萃的典范，说明在意识上他还认为自己在父母的控制之下。双方都还互相心存对方的时候，"断绝"亲情是不可能的。

第三层意思是"了断"。有人以为王某写万言是为了与父母做个了断，这也很难。与这位小伙子同为四川青年的巴金曾写了三部曲要与自己的家庭了断，可他依然承认"他从母亲那里懂得了爱，懂得了宽容"。所以这件事也不会成为了断的标志。

基于上述判断，这件事只是千奇百怪的亲子关系中的一种，外界和媒体对它的反应有些过度。造成这种状况与两代人性格差异以及欠缺充分沟通有一定关系。一般孩子4岁后自主性会不断增强，会与父母及其他成人的控制产生矛盾，这种矛盾往往在当时就会爆发，较少留在后面发酵。

而这个例子是在后续生活中发酵，其中必然有其他因素，比如从小到高考之前只关注他的学业，没有重视他的正常情感发展，导致他"内向、敏感、不善交际"，不只父母有责任，学校和社会都有责任。

这个例子值得警醒的是，一个人的成长发展是"知情意行合一"的过程，不应割裂，过度的应试压力常将它们撕裂。对于已经因为割裂而出现的问题，包括受害者本人在内的家庭和社会需要更大的耐心，用长久的时间不疾不徐地愈合。因为亲情的种子已经播种在那里，过了严冬，撕裂的亲情总会再发芽。

PART 6

第六辑

瞄准立德树人

我们离好教育有多远

当下，一些人看到学生的学业负担越来越重，学生的身体健康状况指标下滑，近视率不断增高，学校的教学内容越来越单一，学生独立思考能力未得到发展，动手操作越来越少，于是有一种好教育离得越来越远的感觉。对此回应必然遇到的问题是：什么是好教育？怎么判定你所认为的好教育是符合专业标准的？我们离好教育究竟有多远？

一、好教育是客观的吗

一说到好教育，人们自然想到它是有标准的，这个判断不会有什么问题。进一步追问：好教育的标准是什么？对于这个问题的讨论几乎自教育产生以来就有争议，一直未达成共识。限于篇幅，在此只讨论一个问题：判定好教育的标准完全是客观的吗？

提出这个问题是因为当下太多人认为好教育的标准一定是客观的甚至完全由客观因素决定，完全可以通过测量加以确认。如择校热、城挤乡空、扎堆名校和分分计较等都是建立在好教育是客观的基础上的，PISA 测试受到追捧也基于这种看法。

应该说好教育的标准中确实有客观的因素，有一部分是可以以测量数据为参考依据的，好教育的判断必须以客观、实证的证据为参考依据。对于这个常识普通人都能认可，而且现实中很多人也都是以此为依据判断是不是好教育。而问题则出在仅仅以此为依据来判定什么是好教育上。如对持两种不同教学理念的人进行测量，一种人测量的结果数值高，另一种人测量的结果数值低，能否得出数值高的教育就好的结论呢？不能。跟踪研究表明这些年采取量化管理之后，中小学因为教育理念、内容和方式单一而质量空心化，大学则由于学术氛围变淡导致教学质量不断下滑。有人说量化管理把学校变成了"养鸡场"，于是，测得的数据越来越显示的是某一单一或有限特征值的增高，而不是与人的天性相对应的多重特征的协调发展。

完整的教育并不能完全依据客观标准就能判定，如哈佛大学招生时考察学生的个人特质、使命感，中国古人说的"志"以及中国高考改革中要考察的一个人的综合素质、价值观等都不能完全用客观、可测的实证依据来判定。在教育中，教育形而下的部分通常是可以测量的，而教育目的、教育观念以及教育的个性化发展路径等方面难以找到客观的指标进行测定。然而，评定好教育不能忽视客观标准。所以，好教育的判定要有客观基础，要使用测量数据作为参考，但又不完全是客观所能完整确定的；好教育有一部分共同的标识，又有一部分没有可比性的个性化指标。

即便某一具体领域如人的智力，也不能完全由客观标准确定。不少人以为学生的考试分数高就是质量高，考高分的学生智力就高。然而，以多元智能的观点看，显然不能依考分高低判断一个人的智力，还需要在进一步对学生的独立思考、批判性思维以至更深入细微的智力活动特征进行质性分析以后才能做出判定。

在现实中，绝大多数中国人或没有认识到教育有非客观的部分，或认为社会风气不好，不敢相信别人对教育的非客观部分所做出的判定，于是将其忽略不计，过于依赖看得见的考试分数。这就使得对好教育的判断不完整，使教育内部与社会上长期难以形成完整的好教育判定，未能确立好教育的目标，也办不成好教育；还导致对好教育的判定受到局部的可测量的数字的绑架，受到考试分数的绑架，使得想办好教育的人也办不成好教育。简言之，只有认识到好教育包含主观和客观部分，不以客观测量替代或绑架对教育目的、教育理念的追问与追求，才有可能迈进办更好教育的进程。

二、我们是否被好教育

一方面，提出这个问题，是因为现实中确实有部分人被认为接受了好教育并进了大家公认的名校，但不是他们自身所认可的好教育，或者不是适合他们的好教育，学校的教学目标、内容和方式方法与他们的个性发展不在一条道上，未能真正将其优势和潜能发挥出来。教育管理部门和公共教育主办方常常认为：能大幅度、大面积提高国民素质的教育就是好教育，一些地方政府甚至认为提高了大学的升学率就是好教育，还有人简单认为增加了教育投入就是好教育。不少地方政府花钱在农村建校舍，结果建起了"漂亮的薄弱校"，还自以为当地的教育已经办得较好了，只是当地村民都不愿把孩子送进去，显示出教育发展水平较低的地区居民都知道自己不愿被好教育。或许当地村民没有足够的辨别好教育的能力，但他们在意愿上不愿意被好教育。

另一方面，即便在北京、上海、广州、深圳这样的大城市，绝大多数人依然在盲从别人确定的好教育标准，通过择校、学区房等方式把自己的孩子送进大家都认为好的某所名校，根本不去问这所学校的教育是否符合自己孩子的成长发展，是否能满足自己孩子成长发展的真实、具体需求。

在一次活动中，我刚说完"中小学的学生学习课程标准要求的内容最多只能占用学生60%的时间，其他40%的时间交给孩子学他想学的内容，玩他喜欢玩的，做他喜欢做的"，一位有博士头衔的大学教师兼小学生家长跟着说"那是万万不可以的"，理由是如果那样的话，孩子的考分低，伤自信。

这说明绝大多数中国人基本处于被好教育的状态，那些把自己的孩子从乡下送进城的父母走出了情感上不愿被好教育的圈套，又踏进认知上从众认可别人确定的好教育标准的被好教育的新圈套中。也就是说，绝大多数中国人逃不出被好教育的圈子。这种状况当然是多种原因造成的，根子是由于中国教育的评价权过度集中，评价标准过于单一。因此，自我意识发展较高的初二学生的辍学率较高，那些在这种环境中找不到归属感的学生需要去校外找归属感。"成王败寇"已然成为被好教育的机制，它使得教育的各个环节不遵循教育规律，学生、教师、家长和教育行政管理者都成为被动参与者和受害者。分数考得高，管理者认为绩效好，教师受到激励，学生得到当下的实惠，而学生身体健康、社会实践、文化素养等方面的损失则完全不在考虑之内，所以被好教育对人和社会造成的后果极为严重。

在过于单一的评价标准下，不少学校也处于被好教育的状态，把学生考高分作为自己好的标识，很在意各种排名，却罔顾自己的特色、自主生成的教育理念、独特的教育教学体系。这类学校看不到学生天性各不相同，需要设定各不相同的目标和教育程序，忽视学生成人的价值，没有把以人为本落到实处，单方面把自己认为的好教育强加给人。有一次，我到一所学校，一位校领导不断介绍学校以人为本的做法。于是，我反问这位校领导："您说了那么多以人为本，我看到一进校门的宣传栏，总共50个框，有学生的框只有3个，有老师的框只有1个，其他的都是领导视察和学生的成绩展示，怎么体现您所说的以人为本呢？"这位校领导被问得无话可说。

被好教育的现象不只在中国存在，经济合作与发展组织（OECD）的PISA测试试图建立一个好教育的标准，结果使得世界对好教育的认知同质化；一些大学排名机构也试图建立好大学的标准，结果使得对好大学的评价同质化。这样造成的同质在更大范围内使得世界范围内更多的人被好教育，这必然与人类个体在千百万年进化过程中生成的多样性以及社会发展需要多样性的人才形成抵触。

当下，有教育专业判断力的人一定要清醒，一方面要治理中国的被好教育问题，另一方面不要轻易为世界范围内的被好教育背书。有人就曾说，PISA原本影响不大，中国以挑选教育发展较好的地区参与的方式在一定程度上强化了其竞争特性；也有人说，此前世界各国的大学并不看重世界大学排名，中国带动了大学排名和论文数量攀比的风潮，整体上强化了世界教育单一标准与排斥性。对这些要做客观分析，最好既不要让自己被好教育裹挟，又不要以自己的好教育标准去绑架别人。

好教育确实存在一些共性，但共性部分仅仅是好教育的基础性部分，不能仅仅看到共性的基础较好就认为自己享受了好教育，因为好教育又是自主性、个性化和多样性的，不能由一次绝对知识考试决定教育的好坏。好教育的塔尖部分一定是各不相同的，如果我们所面对的教育本身就缺少自主性、个性化和多样性的塔尖部分，那么，整个教育就肯定不是好教育。如果有了充足的自主性、个性化和多样性的部分，在需求满足方面尚未有适恰的对应，那么，也不会是充分精细的好教育。

真正的好教育是使特定个体的天性得到充分发展，并使其在个体经验与自主认知基础上确认的志向或使命感得以实现，使其所追求的个体与社会幸福得以实现的教育系统化程序。我们追求把教育办得更好不能止于被好教育，而是要追求更多人的自主的、多样的、有选择空间与机会的好教育。

三、离好教育的远近是由人生目标决定的

如果一个人把有学上当成好教育，那么，现在中国人基本上已经到达好教育的目标了，就不需要有什么对好教育的追求了。然而，不少人生成了上好学的需求，这一需求既不是完全由客观因素决定，也不能由别人决定，学校和政府部门都难以确定一个具体的人的好教育标准。也就是说，好教育由一个人所确立的生活目标决定，为其实现生活目标服务，是每个追求美好生活的人、每个追求实现自己理想的人根据其所处环境和具备的条件不断向前推进推高的设定。或者说，人生目标的高低远近决定着我们离好教育有多远。

作为常理，健康、快乐、诚实、善良应是人生的基本目标，而当下的教育似乎在一定程度上远离了这些基本目标，伤害了健康，弄得不只是孩子不快乐，教师也负担重，家长过度焦虑。当下的教育连实现这些基本目标都有很大难度，学生户外活动时间太短，没有足够时间去锻炼身体，没有条件去享受童年乐趣，没有机会亲近大自然和体验社会，没有意愿和能力向虚伪宣战。

当然，同一个社会中不同人的人生目标差之千里。或许人们认为孔子生活的时代的人生目标不会高到哪里，对好教育的要求也不会有多高。而事实上，孔子所描述的"一箪食，一瓢饮，在陋巷，人不堪其忧，回也不改其乐"所设定的"孔颜乐处"，他所追求做人的仁境界、做事的权（权衡）境界、治学的乐境界仍然是两千多年后的当今大多数人难以企及的。从这个意

义上讲，孔子追求的好教育目标现今尚未在大范围内实现。当然，如果要求当今的人将"孔颜乐处"作为人生目标，又不免陷入被好教育的窠臼，还是要由每个当今的人自主设定。

不同的人自主设定的人生目标各不相同，而作为教育专业的人又该如何设定好教育的目标呢？

对公共教育，衡量好坏的标准在于它能否创设条件使更多的社会成员尽可能自由、自主设定更高的人生目标，生成更多样、更个性、更精细、更包容以及有更多选择的教育需求。如果能做到这一点，就是相对更好的教育；如果做不到这一点或是在这些维度上不足，就是相对更差的教育。无论在中国境内的不同地区，还是在世界各国间进行横向比较，或是对历史上不同时期进行分析，这都是可通用的评价教育好坏的标准。如，在中国历史上学术最繁荣的春秋战国时代，养士之风盛行，士人能持有并宣扬自己的主张，自由的空间很大、宽容的境界广博、真诚的态度深厚，于是，涌现了一批伟大的思想家，出现了百家争鸣，展现出一个好教育的时代。

对个体教育而言，衡量好坏的较低标准是教育对其身心健全发展产生多大作用，是促进还是促退甚或伤害。满脑子只有标准答案，不会分析问题，不会辩论，不会思考，不会动手操作，不会提出问题，包括不会反问、批驳、质疑等都属于人的天性未得到正常发展。发生这些情况的教育，无论考分或其他指标如何增长，也都不是好的教育。衡量个体教育的较高标准是教育能在多大程度以及多长时间促进个体连续不断地自我实现。

从当前的实际看，中小学教的还主要是标准答案，学生学到的主要是非此即彼的思维方式，学生正常的怀疑批判如果显现出来就得不到高分，分析和实证的能力得不到锻炼，基本的逻辑能力尚不具备。在单一标准的应试评价体系下，相对而言，数理化在逻辑与实证上还能发挥一定促进作用，文科课程的标准答案离事实更远，过多的教条对学生的伤害也更大。然而，即便数理化也很难在标准答案的单一标准评价体系下培养学生正常的科学精神、科学方法与科学技能。

因此，从专业角度看，短期内还难以在推高人生目标、促进更好的自我实现上大有作为，但依然要明确那是我们的追求。办好教育，当下首先要迈出的步子就是要办更有活力、更加包容的公共教育，办遵从人的天性使学生获得正常发展的教育。

或许有人觉得这个目标太低了，离我们太近了。40多年的实地调查让我感到实现这个目标依然很遥远，因为人的天性中怀疑精神、批判精神、分析精神和实证精神如果在青少年时期被伤害了，成年后就难以具备了，其结果不只是学生成不了杰出人才，而且会丧失自我意识、不会独立思考甚至是道德沦丧。

四、好教育最终由每个教育当事人自主设定

不少人总想设定一个全人类都能用的好教育的通用标准，这种努力是徒劳的。专业人员永远都只能是设定某些领域教育的衡量标准供教育当事人选用，类似于开了一片店、陈列了一些标准，而愿不愿使用这些标准、如何使用这些标准，理应由每个教育当事人自主选定。

试图将教育办得更好的人们也不能自以为所办的教育就是最好的，自己所设定的教育目标就是最好的，而应是不同的人都试图办出自己经验和判断基础上的好教育。不同的人或学校办出不同的教育，由教育当事人去选择，不同的人可能会做出不同的选择，无人选择的教育或学校自然就会被淘汰。这是一个大范围、多主体、长时期、自主选择的过程，在这种机制下，好教育的创办者与好教育的需求者通过相互选择实现把教育办得更好的目标。

在这样的过程中，好教育其实离我们很近，也就是你所面对的对象有什么真实具体的教育需求，了解并满足了对方的需求，就办了好教育。你所办的教育对一个人追求真理和幸福发挥了积极作用，你就办了好教育；如果拖累或延缓了别人追求真理与幸福生活，就是坏教育。然而，旧有的学校体系、教育管理与评价体系在很大程度上阻碍了教育改革过程的正常进行，支撑了一群不读书的教师在拼命教书的现象。改进这一体系客观上成为办更好教育所需要解决的问题。

这样的学校体系、教育管理与评价体系需要以办人民满意的教育为目标，以共建共治共享为基本原则，对旧有的体系进行改进。基本目标是建立

新的教育供求链：教育当事人的教育需求—学校与教育机构了解对象教育需求—教育当事人选择学校与教育机构—教育机构与学校提供教育服务—专业评价—教育当事人评价—教育当事人生成新的教育需求。改变当下教育当事人只能吃"大食堂"，只能长期享用单一标准、单一品种的教育的现状。

教育当事人的需求和选择就是教育改进的方向，沿着这个方向就能找到把教育办得更好的近期目标。不少人有一种担心，认为自己是经过专业训练的专业人员，而教育当事人通常未经过专业训练，他们的需求是否拉低了专业教育的水平？这种情况确实会出现，但总体趋势无疑是当事人的选择能促进教育不断向好的方向发展。

教育改进既需要远大的目标，又要解决切近的问题，需要我们不急不息、携手前行！

满足人民美好生活对教育的需求

中国特色社会主义的本质要求，就是解放和发展生产力，实现共同富裕和人的全面发展。党的十九大做出了"我国社会主要矛盾已经转化为人民日益增长的美好生活需要和不平衡不充分的发展之间的矛盾"的判断。教育是民生之首，人民日益增长的美好生活需要已经并将越来越多地表现在对美好教育的需求上。

"期盼有更好的教育"越来越广泛地成为人民对美好生活向往的重要内容。随着物质生活条件的改善和视野的开阔，教育在追求美好生活中担当了多重角色，既包括教育本身，又包括与教育相关的就业选择，以及通过教育追求未来更美好的生活。

人民日益增长的美好生活对教育的需求究竟是什么，这是教育领域必须明确的问题。

一、美好生活需要身心健全的人创造

美好生活的主体是人，美好生活也需要由人来创造，什么样的人能创造美好的生活就需要教育培养什么样的人。

由于中国历史上比较长的时间把做"人上人"作为教育追求的目标，教育成为攀登更高社会位置的台阶，于是产生了两种效应：一是为了攀登台阶而不顾自己的身心健全，不少人因受这种教育而体质下降、品德不完善、自主性毁损、创造力低下，难以成为一个正常自立的人；二是期望通过读书高人一等，继而剥削或掠夺别人。

上述观念和方式只能让极少数人过上比别人好的生活，不能走向大众的共同幸福美满。而在现实的教育中，还有不少人把追求做"人上人"作为自己接受教育的目标，奉行"出人头地、光宗耀祖"的信条，看重"生存斗争"的智谋，养成社会达尔文主义文化心理。上述观念还存在体制机制基础，现有的高考招生制度客观上成为一些人在有层级的社会结构中登上更高层级做"人上人"的"电梯"。因此，不惜违背知行合一的发展规律，片面追求考试分数而未能身心健全的人不在少数，他们最终不能走进自己的美好生活，也不能走进家庭和社会的美好生活。

因此，当下教育还需要进一步校准目标，真正瞄准人民美好生活的追求办教育，而不仅仅是关注学业，忽视人性、体质、责任心、善良、阳光灿烂的笑容以及更多的东西，需要更多关注那些能给丈夫或妻儿以欢乐幸福的家庭因素。其中最为关键的当然是转变观念，从追求"人上人"转向追求做"人中人"，追求人人平等：学会合作、服务、包容、分享和"合群共生"的智慧，而不是"一人是龙，三人成虫"；学会自立立人，既精神自立，又乐于服务大众；能够创造自己的幸福，创造他人的幸福，创造自己和他人共享的幸福。

二、教育要成为美好生活的一部分

人们在教育上的获得感与美好感不足，以致在不少人的生活中，教育常成为沉重和痛处。

造成这一状况，首先是各地发展速度不一，水平分化，加剧了教育不平衡，使得不同地区居民教育获得感差距加大，不平衡状态下的竞争变得更为激烈，家庭与学生乃至学校与教师的压力加剧。

其次，高质量教育资源不足与配置不均，获取程序不能公开透明也加大了参与竞争者的焦虑程度。不管名校还是非名校，学生都面临着巨大的学业压力，学生投入学习的时间位居世界前列，各式各样的补习班填满了学生的课余时间。调查数据显示，2017年全国基础教育阶段学生的校外教育总体参与率在47.2%，平均费用为5616元，学生课后生活被挤压，家庭要为此背上经济负担，多重矛盾和压力汇聚到仍处在发育成长阶段的学生身上，全社会的教育焦虑程度日渐增长。

因此，不能忽视教育对美好生活的影响。人们向往的美好教育是公平、优质、多样化的教育，而教育的现实状况是不平衡、不充分、过于单一且成本较高、效率较低，这也是造成众多人的教育体验不佳的主要原因。尽可能改进教育的管理、评价、教学体制机制，让人民体验到更美好的教育过程，便成为美好生活对教育需求的重要组成部分。

较为突出的问题是，现有教育结构单一，供给方式呆板，无法满足老百姓日益增长的多样化需要，不能充分满足人们对不同层次、不同类型和形式的教育进行多样化选择的需求。此外，由于教育的供给方是有层级的单一主体与教育需求方对平等、公平、多样性的需求之间的矛盾，也需要在促进多主体办学和教育供给多样化的同时，强化政府基本公共服务均等化。

更为突出的问题是改善教育管理。现有优质教育资源需要通过政府资源配置以及师资政策、招生政策的完善让人民体验到公平与效率。同时需要简政放权，让"管办评分离"和"放管服"改革到位，发展第三方教育评价，通过专业评价把过重的学业负担降下来，并切实提高教育质量和效率，增加教育过程中各方面的幸福程度。

三、建立有序选择机制满足人民美好生活对教育的需求

如何获知人民美好生活对教育的需求？有人想当然地认为只要瞄准了人民关心的教育突出问题就能满足人民对教育的需求。

而现实的情况是人民美好生活对教育的需要集中表现为接受优质公平实惠的教育需求大增。不同的人对美好生活的理解存在差异性。同时，教育主体需求也是多样化的。对教育的多样化需求是由人的天性的多样性决定的，在教育条件不好的时候由于需求不能得到有效满足，多样性的表现就被掩盖；随着教育条件的改善，教育主体需求的多样化就逐渐显露出来。在"有学上"时，"上好学"的需求产生了；每一个人心目中好教育、好学校的具体标准又是各不相同的，同一个人对"好"的要求也是随时间发生变化的。

就当下而言，上优质而又实惠的学校成为普适度高的选择。尽可能少支出而得到高回报已成为多数人选择教育的普遍取向，越来越多的人将优质作为第一选择，将实惠作为第二选择，在二者不可得兼时有条件的家庭就会花钱买优质。

对优质教育的需求随经济条件水涨船高。民众的教育需求不断发生变化，只要经济条件稍有改善，父母就尽可能抬高对教育的需求。有经济条件的村民都将自己的孩子送进镇上或县城学校就读；城镇居民中条件较好的又将自己的孩子送到更好的城市学校就读；城市居民除了竭力让孩子在当地挤进自认为优质的学校外，还在设法将孩子送到国外就读，留学低龄化现象日益扩大。多样化需求从乡村到城市形成梯级变化链，每个需求不同的人处于这个链中的不同位置，并且随着自身各方面条件的变化都可能改变需求。

越来越多的人不能满足于教育的单一供给，人们对教育的多元需求增高，越来越多的家庭教育选择意识增强，在幼儿园和基础教育阶段，家庭教育投资增长迅猛，对私立学校、学前教育、课外辅导需求旺盛。此外，选择"在家上学"、新私塾等其他教育形式也呈增加态势，反映出公众教育需求的多样化。

多样化的需求驱动教育多样态发展，有限教育资源如何满足多样化需求，不同学校怎样为孩子提供适合的教育机会，实现不同个体和社会的发展，成为教育需要解决的现实问题。

任何人、任何机构都不能替他人回答他的美好生活对教育的真实需求是什么，任何研究都只能真实记录人们对教育的需求而不能进行过度的引导，管理部门更不能想当然地认为用控制的方式替代人民美好生活对教育需求的自主选择。

简单限制选择与选择无序都不利于人民过上美好生活，只能通过建立有序的选择，建立多样化的学校，一方面满足个体对教育的多样化需求，另一方面满足社会对人才多样性的需求，才有可能更为有效地通向人民美好的生活。

解决了教育问题，实现全面现代化才有可能

党的十九大做出"我国社会主要矛盾已经转化为人民日益增长的美好生活需要和不平衡不充分的发展之间的矛盾"的判断。教育是"不平衡不充分"特征表现得比较早、比较突出的领域，早已成为社会的焦点，而且在相当长一段时间内，要得到根本性解决仍面临巨大挑战，已成为实现全面现代化的关键性控制因素。加速推动教育现代化，更好地满足人民对教育的需求，是实现全面现代化的基础。

一、教育问题制约全面现代化

自 2010 年《国家中长期教育改革和发展规划纲要（2010—2020 年）》颁布以来，中国教育事业在规模和数量上快速发展，总体水平已经进入世界中上游，教育保障体系日益完善，教育的国际影响力明显增强，同时也存在突出的问题。

1. 不能满足人民的需求

中国建成了各级各类齐全完备的国民教育体系，办着世界最大规模的教育，但由于优质教育资源不足和不均衡，择校热、大班额、恶性补课等问题久治不愈。教育与社会各方面及教育内部矛盾相互激化，多重矛盾和压力汇聚到仍处在成长发育阶段的学生身上。全社会的教育焦虑程度随之增长，学生都面临着巨大的学业压力，投入学习的时间位居世界前列，各式各样的补习班填满了学生的课余时间，课后生活时空被挤压。

教育的付出与获得之间严重不相称。2012 年 PISA（国际学生评估项

目）测试数据显示,上海学生的 PISA 成绩排第一,作业时间、课外补习时间也都排第一,但是解决问题能力却排倒数第二。学生学业负担过重,家长支付各种学习成本压力大,直接影响着师生乃至社会对教育的感受。

自费出国留学人数不断增长,显示国内高等教育不能充分满足国人对教育的多元需求。2012 年中国自费留学的人数为 37.45 万人,2016 年增长至 49.82 万人,5 年间增长 12.37 万人。

2. 教育发展不平衡问题突出

教育不平衡集中表现为城乡、区域、校际、群体四大差距比较大,教育基本公共服务覆盖尚不到位,进城务工人员随迁子女、农村留守儿童、残疾儿童等特殊群体平等受教育权利还需要进一步保障,人民对教育不平衡、不均衡的切身感受较强,即便在被验收认定为实现了教育均衡的地区也是如此。

从城乡看,农村教育是短板。学校"城镇挤乡村稀"成常态难题,农村学校的硬件建设仅是建起了漂亮的薄弱学校,优秀师资严重短缺,无法开齐、开足、开好课程。教育质量不尽如人意导致乡村学校生源逐渐减少,城镇学校生源急剧增加。从 2009 年到 2014 年,乡村小学在校生减少了 2605.68 万人,而镇区和城区分别增加 820.8 万人和 1164.48 万人;乡村和镇区初中在校生分别减少 1190.2 万人和 275.4 万人,城区增加 409.26 万人。

从区域看,东中西部差距仍然较大。区域教育发展的不平衡是区域社会经济发展不平衡的集中体现,对教育公平目标的实现影响较大。东部、中部和西部之间学前教育、义务教育、高中教育和高等教育均呈现出一定的差距。

从校际看,学校之间差距同样较大。义务教育校际间生均经费、设备即便在一个县域内也存在显著差异。

3. 教育发展不充分问题显著

教育发展的不充分主要体现为教育发展水平与社会对教育的需求存在较大差距。当前教育所面临的诸多热点难点问题都是发展不充分的具体体现:教育质量有待提高,教育的差别化、个性化供给不足,优质教育资源难以满足家庭不断增长的需求,人才培养的规格、质量、结构与经济社会发展需求不能很好地适应,普惠性学前教育资源不足,大中城市义务教育出现"择校热"、校外培训火爆、大班额现象，出国留学人数猛增且呈现低龄化趋势，一些地方出现"在家上学"、新私塾等，公众多元多样的教育需求没有得到满足，职业教育缺乏吸引力，高校人才培养与行业企业需求一定程度上脱节，大学毕业生就业面临不少困难，教育在维护国家安全、提升文化软实力等方面使命担当不够。

教育发展的不充分还表现为教育自身发展与社会其他方面的发展存在不协调问题，与促进我国产业迈向全球产业价值链中高端这一要求不相适应。《2016—2017年全球竞争力报告》显示，中国在所有的138个经济体当中综合竞争力排第28位，而教育指标的排名为：初等教育质量排第47位，高等教育质量排第54位，教育体系质量排第63位，数学和科学质量排第50位，管理质量排第61位。此外，中国高校科技成果转化率偏低，在过度注重学业成绩的教育评价体系下对学生文明素养的忽视明显存在，导致教育对社会文明进步发挥的作用不明显，社会文明存在诸多问题。

教育领域存在的问题如果不能得到很好解决，可能会对社会全面现代化形成制约，在多个方面影响社会发展和人民生活的幸福感。

十八大以来，中国教育与经济的匹配度由2012年的3.81提升到2015年的4.59，在G20国家中增长幅度最大，但与2015年G20国家的平均值为5.25相比，仍有上升空间。同时，中国教育对经济的贡献率仍处于较低水平。

我国整体教育质量与老百姓日益增长的美好的教育需求之间仍有不小的差距，育人水平、责任感、法治意识、创新精神等仍需要提高。长期以来，义务教育阶段学生的体质健康质量持续下降，直到2012年，义务教育阶段学生的体质下滑趋势才开始停止。大学生的体能状况自1990年以来持续下降，城乡男女大学生超重及肥胖的比例均呈现快速增长的趋势，近视、肥胖症等多种问题影响了大学生的身心健康。

二、解决教育问题关键在改革体制机制

新时代我国教育的主要矛盾是人民对优质、公平、实惠教育的需求与教

育发展不充分、不平衡、高成本之间的矛盾。化解矛盾，整体提高各地各级各类教育质量、效率，体现教育公平，是增强中国人幸福感、提高中国人力资本价值、实现全面现代化的重要一环。

全面分析上述矛盾，追根溯源都与现行教育体制机制存在的问题有关。重数量、轻质量与各地的政绩评价标准直接相连，高投入、高付出、低收益与体制专业判断力不高相关，公平问题与管理封闭和层级多直接关联，供需矛盾更与供给体制僵化相关。上述显性矛盾的背后，是供给方的教育产品单一、粗放，供给能力不足，供给方式方法刻板，供给体制呆板，供给均衡性不足，供给主体运行方式封闭，社会对教育参与不充分与人民教育需求的多样化、个性化相矛盾。

只有从政府管理体制到资源配置等各方面改革，改善教育供给，建立以人为本的教育体制，才能彻底解决上述难题。我国基础教育实行以县为主的体制多年，基层学校管理的层级多是导致不均衡的体制性原因，也使得责权授受不直接，人、财、事的责、权、利不统一；学校自主权不足，学校的管理职权流失，难以依据学生当下的实际对学生的成长发展负责。

提高教育品质和实现平衡与充分发展，必须深化管理体制改革，减少学校管理的行政层级，改变现行"县局—乡镇中心校—农村小规模学校"的垂直式分包分管模式，彻底撤销中心学校的行政管理职能。无论学校大小，由县教育局在人事、财政经费、信息发布上直接与学校联系。依据以人为本的逻辑抬升小规模学校的权位，让整个县域的学校管理更加扁平化。以学生为中心，将管理功能的重心下放到学校内部，对师生有效放权，让学校有更大的自主办学、自主管理、自主评价空间，成为一个职能相对完善的教学、管理、评价组织。在转变职能的同时简化县教育行政部门（含各科室、教育督导室、教育研究部门）与学校之间的业务工作流程，并充分利用网络信息技术承载信息传播功能，降低教育的行政成本。

要积极探索建立多方参与的具有平衡性的教育治理体系。现有教育治理体系的决策和施行主体过于单一，以致具有明显的波动性和盲目性，容易形成矛盾积累。解决方法就是落实简政放权，深化管办评分离改革，建立全社会共同参与的教育治理体系，积极构建政府、学校、社会、家庭联动的格局；使教育治理体系从学校和政府之间的上下级相互作用、相互制约的二元治理结构，转型为学校、政府和社会专业组织之间相互作用和相互影响的多边协同治理结构；改善政府和学校的关系，给学校更大办学自主权，给专业组织、企业、社区、家庭提供更大的机会和空间参与学校的治理、建设发展，促进学校与社会建立更加密切的联系。

《国家中长期教育改革和发展规划纲要（2010—2020年）》已提出教育体制机制改革的基本要求，但受多重因素影响，实现体制机制改革的目标仍面临较大挑战，有的方面进展缓慢，或干脆无动于衷。针对改革存在的问题，两办印发《关于深化教育体制机制改革的意见》，再次要求全面深化教育综合改革，系统推进育人方式、办学模式、管理体制、保障机制的改革。

三、人的现代化是全面现代化题中应有之义

新时代需要有文化传承的现代人，教育不仅要发挥促进人的发展的内部职能，也要发挥推动社会进步的外部职能；要培养具有国际视野、通晓国际规则、能够参与国际事务和国际竞争的国际化人才，更要培养具有独立精神、历史情怀、文化性格的中国人格。只有人现代化了，才能实现社会的全面现代化。

人民日益增长的美好生活需要，是人的现代化的动力。可以说，在实现现代化的过程中教育担当了重要角色。教育需求在层次上已经超越原来的物质层次，学校硬件设施的提高已经不能满足人民群众日益增加的教育需求，师资、课程和校园文化需求增强，教育供给侧改革势在必行。不仅要保障学校设施等硬件安全、合格，而且要改善师资，丰富课程，增强文化，提高教育质量，以满足人民群众更高层次的需求。

作为保障和改善民生第一要义的"优先发展教育事业"，既需加以调整以适应新的社会基础，又要确定新的教育发展目标，以适应到本世纪中叶把我国建设成富强民主文明和谐美丽的社会主义现代化强国的整体社会发展目标。

以人为本，以人民为中心，瞄准人民日益增长的美好生活需要，是破

解教育发展不平衡不充分难题始终要坚守的方向。实现中国教育平衡且充分发展,要关注总量,更要关注质量和结构;要重视供给,更要重视教育资源合理分享与配置;要促进学校改善,更要实施政府体制机制改革和职能优化转换。不用单一标准衡量教育发展,而是要建立多元的良性教育生态,以中华优秀传统文化确立教育自信,以进一步开放促进教育更加快速地实现现代化,在历史大视野下沿着人类文明发展前进的方向不断探索。

不忘初心，攻破立德树人难关

人的成长发展内因是他祖先遗传下来的基因和生理基础，外因是教育和社会环境。学校是为实现一定目的设立的教育机构，虽然以学校教育工作为专职的教师并不能完全决定一个学生成长发展的结果，但作为相对先知先行者，无疑有责任保持住自己教育的初心，担负应当担负的责任，攻破立德树人的难关，为学生身心健全成长发展创造条件。

教师的初心是什么？不少做教师的人难以找到自己对应的初心具体是什么。简言之，一般教师的初心是自己通过以往的学习和体验所确立的理想社会和真善美人格，以及为建设理想社会、做真善美的人所致力于以专业方式实现的目标。

立德树人是社会对教育工作的要求，习近平总书记多次关于教育工作的讲话的中心都是立德树人，具体如何落实需要每个人依据自身的条件和实际，了解他所面对的教育对象的特征和成长发展的真实需求设计符合实际的方案。在有学上的问题已经解决之后，不存在万能的、标准化的、所有人都能套用的统一方案，需要每位教师与学生协商确定个性化的成长发展方案。

这样说不是否认教育中有一些共性的原则、要求、方法和内容。事实上，当下要实现立德树人的目标，面临着一些必须攻克的难关，依据我自己 40 多年来从事教育调查和研究得出的认识，主要有下列难关：

健康关：健康的重要性不需要多说，当下中国学生的健康问题已经到了危险的境地，除了过去几十年监测的肺活量等健康指标下滑，近些年近视、肥胖等问题又突显出来，高中学生的近视率超过 80%，且还在增长。学生的健康问题显然与不当的教育方法和评价直接相关，又会反过来影响学生的学习效率与结果。如果这道关攻不破,它所产生的后果将是中国人身上未来很长时期的沉重负担。

真伪关:立德的起点是真,基本要求是做真人。真善美是一个体系,如果不真,善和美就处于无根状态。然而当下社会中充斥着太多的假是不争的事实,教育自身作假行为也难以彻底消除,一些学校和教师为了迎接检查和评比,不只自己作假,还带着学生作假,论文、课题都有假,以上带有表演性的"公开课"为荣,在学生内心种下"伪"能得利的种子。这道关不攻破对社会贻害无穷,其中最为关键的是要提升青少年的鉴别和判断力,求真拒伪。

智力关:不少人有个错觉,以为考试分数高的学生智力问题就解决了,中国学生智力发展很不错了,从而忽视了由于长期训练追求标准答案,使得学生智力发展存在严重缺陷,动手能力、独立思考、批判性思维等方面未能达到正常水平。中国的人口基数决定着如果中国所有人的智力发挥达到正常水平,中国的综合国力肯定是世界前列,而当下的距离就在于有太多的人智力在正常水平之下。攻破智力不健全的难关必须完整、准确理解智力的概念,同步培养智力与非智力品质,丰富学生多样性的智力活动。

自主关:中国教育普遍存在教得过多,学生自主性未能充分发挥、发展的问题,大量学生已经形成被动型人格,教师和父母叫他干什么才去干,不叫干什么就没事干。只要观察一下3岁以下的孩子不是这样就能明白,出现这种现象是教育出了问题。从小要求孩子"好好学习考大学",考上大学后就睡懒觉、玩游戏、足不出宿舍,连饭都不按时吃了!没有自主性的人不能自主确定人生目标,也无道德自律,没有对未来发展的期待;唯有每个人有了自主性,才能有原动力创造他未来的美好生活。

平等关:做"人上人"的观念在中国根深蒂固,现有的高考招生制度客观上为一些人的这种观念变现提供了通道,加上学校教育没有明确提出反对等级观念,增强学生的平等意识,还给考分高的学生各种优待,使得学生中的平等观念淡薄,上了大学就看不起工农,不愿意下乡,有人甚至看不起自己的父母。这种观念与未来社会日趋扁平、人际关系趋向平等的大趋势格格不入。社会中大量存在的不平等现象又使得不少人带着投机心理设法实现自己做"人上人"的梦想。从幼儿园到大学都需要通过从做"人中人"的理念倡导到建立人人平等的规则去攻破平等关。

服务关：学问再多都需要在为人服务中实现其价值，但是很多青年人习惯了自己被服务，没有主动服务他人的态度与意识，也缺少相应的技能，对社会了解少，不知道如何将自己的专业知识实际运用于为大众服务。没有服务就缺少担当责任、学习新知的动力源泉。教育学生树立服务意识，积极主动服务他人，用服务行为积累服务能力是攻破这一难关的关键。

视野关：不少学生大学毕业了，拿到了学位，甚至有的人还在世界各国转了一圈，依然是背"井"离乡，几十年的人生旅途一直背着狭隘视野和观念之"井"，无法解脱。视野狭隘关需要通过学习历史、逻辑、哲学，比较分析各种国的发展，探明人类文明前进的方向，才会逐渐打破，而当下教育在这些方面有不少缺失，把大学办成就业培训，造成这道关不仅未攻破，还有更加牢固的势头。

合作关：各行其是、不善于合作是中国青年学生的典型缺点。改变需要从学会尊重他人起步，在学会沟通中上路，在合作中受益加油。要学会包容，当遇到一个与自己不同的人的时候，如何建立平等、良好的关系，如何通过协商达成共识和形成规则，如何取长补短、互补相长，这些不只需要知识和能力，还需要更高的智慧，才可能攻克这一难关。

评价关：评价是影响当下教育最为根本性的因素，当下教育评价的主要问题在于评价权力过于集中，评价标准过于单一，学业负担重、身体被损伤、形成被动型人格、因社团活动少未能学会合作的技巧等都与不合理不科学的评价直接相关。解决的办法就是实行分级、分权评价，确立多主体参与的多元自主评价。

上述九大难关是长期积累的结果，不攻破就难以有效实现立德树人目标。不少人以为期望某个机构或某个人一朝一夕的一项措施就能攻破它们，这样的想法过于天真。现实的路径是每个教育当事人都不做旁观者，通过自己的了解、判断、选择、行动等多种方式积极参与，对学生要以人教人，对遇到的问题要做客观考察分析，找到在自己的岗位上可以发挥作用的发力点。大家都协力同心，明确问题，一点一点地改进，终能逐一攻克难关。

日新才能启蒙

中国蒙学的产生是在教育客观需求的推动下发生的连续过程，儿童在初始的学习阶段，需要有对应这个年龄段的价值取向、教育内容和教育方式来满足早期教育的需求。纵观中国历史上蒙学的发展，都具有应需而变的特征。

蒙学是随着社会进步而不断发展的，其发展主要依据有两个，也一直受这两个方面因素的影响。一是对青少年个体天性的判定，如早期的性善性恶论、善恶四端论，带有主观天性判定色彩，卢梭所说的"儿童天性"则偏向生命之性或客观天性，不同的天性判定就有不同的蒙学。二是人类社会的发展状况，以及对人类社会发展方向的判断。这两个因素决定着蒙学的发展，同时这两个因素也都在随着社会发展而不断产生新的内容、新的方法、新的判断。

蒙学只有走在时代前沿才能真正发挥蒙学功能。在全球化、信息化的时代，蒙学不能够孤立于这个时代之外，不能够再简单套用过去的内容、方式、方法和原则，现实中这种倾向还是比较强的。一方面，必须通过对儿童的天性、儿童的智能、儿童的脑的发展进行研究来为蒙学改进找到依据。另一方面，我们又必须根据人类发展，特别是人类文明前进的方向来确定蒙学的另外一个依据。

对于中国传统文化的传承和教育，对于蒙学的传承和发展，一定要定位在培养"有文化传承的现代人"的基础上。如果看不到上述两个方面新的发展，还是套用几百年前，甚至几千年前的蒙学内容和方式，那么就有可能是对儿童的一种伤害，也会对当下社会的发展产生不良的影响。所以，蒙学必须坚持日新的原则，并且充分地实现日新过程，才有可能真正起到启蒙的作用。如果蒙学还是走在时代的后面，那就不是启蒙，而是让儿童处在蒙昧的状态。

现在一讲传统蒙学，很多人可能更强调的是传统，把蒙学放在次要的位置，或者是简单地强调传统来开展蒙学教育。在很多人对于传统的了解、分析、判断不充分的情况下，这种做法会产生一种误导，对传统的解释会有偏向，甚至是片面的。这样就可能把蒙学引入误区。对这种倾向，我们必须依据日新的原则，对其进行分析、选择、淘汰，只有经过日新过滤以后，蒙学才能真正起启蒙而非愚弄作用，才能发挥它的价值。如果没有这个过程，仅仅强调传统，或者是过度强调传统，这样的蒙学事实上就不是这个时代所需要的蒙学，而是某种人或者是少部分人绑架青少年所需要的先验蒙学。

蒙学必须先走进日新才能发挥启蒙作用。

新时代教育需要新理念

新冠疫情对人类造成巨大灾难，也是对人类的考验和测试，凸显人类个体与群体的弱点与不足。对中国教育来说，情况尤其如此。疫情期间，教育乱象频频曝出，凸显当下教育理念与价值取向的不足。

一、疫情为镜，照出教育理念之殇

1. 学习自主性普遍不足

疫情发生后，不少人关注的焦点是学校是否开学了，而不是自己是否学习了。举国上下等着开学，学生等着教师授课、布置作业；在线上课中大量学生逃课，学习效果大幅度下滑，给学习管理软件打差评。因签证受阻的留学生也以等待为主；教育管理部门及相关高校应对留学生回流的安排，同样是被动超过自主。具体到每个学生，大多数不能自主确定学什么、做什么和怎么做……这说明学生普遍存在自主性不足的问题。

2. 逻辑意识和能力普遍较差

在疫情引发和围绕疫情的各种舆论中，缺乏基本逻辑的情绪宣泄充斥自媒体。不少人没有意识到自己的言行不符合逻辑：不界定概念或偷换概念，不分个体与群体、没有责权边界地使用集合概念，不分情境地将比喻当作推理，跌入非黑即白或非左即右的二元对立陷阱，制造中医与西医对立，习惯于找个靶子攻击他人，答非所问、逻辑混乱，听到不同意见就不顾事实和逻辑上升到道德批判……遗憾的是，不少教师、家长缺乏基本逻辑常识的言行也屡屡出现，并将它应用于教育。对习惯做过度的强调和强化，在习惯违背逻辑的时候依然强调遵从习惯，而不顾逻辑。甚至有人公然违背逻辑兜售"习惯教育""全脑开发"及各种新瓶旧酒、花样翻新的错误教育模式，直接对孩子的成长造成伤害和不良影响。

3. 原创思维及能力与时代要求差距大

与国外相比，国人抗击疫情在团结一致、遵守规则、严格防控上有绝对优势。但我们也要看到，疫情初期公众不善于运用科学手段进行防御，甚至大范围"信谣传谣"。这暴露出很多国人科学素养和能力的缺失，并且普遍存在思维的原创性及能力不足。这归根结底是个教育问题：缺乏实证思维和动手能力，将大量的精力和时间花费在往往走向极端的二元思维摇晃上、基于概念错误理解的辩驳上，从而难以进入科技前沿。

自主性、逻辑意识和能力、原创思维和能力不只有具体微观的价值，还会影响到学习者的整体学习与创造能力，深刻影响到个体乃至人类生活。

二、原创思维受伤难治愈

从遗传特性上，每个孩子天然具有自主性，也具有天然的学习自主性。当下的教育管理与评价，将学生的时间、空间和学习内容安排得满满的，并且给学生带来巨大压力。学习过程被过度安排，长期自主学习的时间、空间和内容被挤压，使学生内在兴趣被抑制，这是当下学生学习自主性损伤的主因。

疫情期间本应是恢复、养成学生自主学习意识、习惯与能力的好时机，但由于教育管理与评价没有改变，学生在压力下的被动性就难以改变。学校和教育主管部门未能预见性地利用好这次契机，忙于与校外培训机构争夺学生掌控权，匆忙进行线上开学，结果是学生因自主学习能力的差异而出现显著分化。

逻辑是基础工具，是人正常地思考、行动、处理问题、表达和交流的依据。学习、工作、科学研究缺乏逻辑，就必然肤浅而缺乏质量。现有教育教学安排和评价过度倚重标准答案，客观上对大面积的学生的逻辑意识和能力造成伤害。通常增强学生逻辑能力的独立思考、开放思想、质疑精神等，在过度使用标准答案的教育评价中都会受到严重压抑。

原创思维能力发展，与教育遵从儿童天性的程度直接相关。青少年阶段是思维能力与品质成长、发展最为关键的时期。即便是高才生，教育方式方法不当，也可能出现思维方式僵化、偏执。过于集中权力的评价、单一标准的评价、学生没有选择空间的评价所产生的学业压力，使学生难以放心地去探索和原创，而被迫丢掉自己的强项和兴趣为考试奔波，这是大面积伤害学生原创思维的主因。

三、不要陷入思维的死胡同

针对上述问题，有必要尽快采取有效改进措施。在基础教育阶段，课程与教学安排留出自主学习时段。由于不同学生的智力与学业基础不同，学生花太多时间并非用于打基础，而是用于在已经限定的内容范围内拿到更高的考分。为了获得更高考分损失自主性得不偿失，为此需要采取的措施是：原则上必须为每个学生都留出自主学习时间，并作为课程安排固定下来。从国际比较看，国家规定基础课程与自主学习占用时间比为 6∶4 比较合理，自主学习内容、方式和空间应由学生依据兴趣自主选择。教育系统则应尽可能准备充足的资源，同时改变教育评价，建立多元、多主体评价，对于国家规定的课程，合格即为通过，不做更高要求。

1. 在义务教育阶段开设逻辑课

逻辑在人的健全人格养成中发挥着基础性作用。联合国教科文组织确定的七大基础学科就包括逻辑课。目前，我国小学、中学尚没有开设专门系统的逻辑思维课程，虽有一些老师会在自己学科范围内，为学生讲解逻辑推导过程，但收效不大、普及不够，导致国人逻辑意识和能力尚有很大提升空间。建议从义务教育阶段开始开设逻辑课。

2. 在各教育阶段教学中均设置辩论课

辩论课有助于提高学生的表达、思辨、博弈和组织协调等社会化技能。长时间被动接受的听课方式，难以激发学生的内在学习动力，学生只能对所学内容浅层次理解，学习效果不佳，对人的成长发展所产生的作用有限。引入辩论课则能有效解决这一问题。美国更是从幼儿园开始就引入辩论，不仅为学生今后的学习、研究打好基础，也有助于养成开放健全的人格。辩论可以有效调动学生主动搜集信息、分析问题、独立思考、调查研究、提高表达能力。在从幼儿园到大学的各学段，都应安排一定的时间以辩论的方式进行教学，并在考核、评价等环节引入辩论，以判定其提出问题并通过独立思考解决问题的能力、逻辑思维能力和语言表达能力。

3. 采取有效措施减少标准答案使用比例和频次

调查表明，大量使用标准答案的考试评价使学生误以为什么都有标准答案，并形成标准答案式思维。这种评价体系很难锻炼人的思辨能力，只会复制粘贴，而应用能力差，与现实的生活需求形成巨大反差，损伤或丢失原创性思维。为此，有必要在中考、高考等考试中增加开放类题型，引导学生和教师不要陷入思维的死胡同。

4. 深化评价改革

评价是教育的关键，也是教育出现诸多问题的起因。当下最为关键的是改变评价权力过度集中的管理，建立第一、第二、第三方评价协调发展的良性生态，形成多元评价，满足学生多样性发展需求，为学生跨学科的知识学习、批判式思维发展提供条件。用发散的、多向的思维，取代单一的、服从标准答案的思维。

疫情进一步警醒人类从向外求索转向自觉地反求诸己，通过反省自己、改变自己获得更好的发展，获得更幸福的未来，这也是未来教育功能不断提升、优化的方向。

教育的本真跑到哪里去了

当前我国教育机构和体系更大更强了,在物质层面的投入也更丰厚了,但从培养儿童成为天性获得充分发展的主人、有文化传承的现代人、通过创造追求幸福的人这样的目标来看,教育的效率并未完全随之增高,甚至在一些学生身上出现负成长。

一、"空心化"之忧:教育本质内涵趋于淡化、虚化

教育应着眼于人性获得更好养成,增长人的智慧、能力和德性,追求真、善、美,知性健全、德性完善、悟性充足、志性强健是教育的理想方向。

当下一些教育方式不仅未能为学生创造适合个性发展的条件,还在用强行灌输损伤孩子的认知与思考能力,用教条摧毁孩子的道德辨别与判断能力,用过于单一的标准和刻板的思维阻塞孩子的悟性,用题海淹没孩子的志性。大多数孩子在单一标准的评价下功课压力更大、补习大大增加,自主学习与生活的时间与空间大大压缩,更多的学生养成被动型人格。

从校园氛围看,校园里的欢声笑语少了,游戏与体育运动少了,学生"宅"在教室或宿舍里的时间变长了。

一些地方的教育把人最珍贵的年华用在意义与价值不大的学习内容上,记忆成了学习的主要甚至唯一方法,高压成了教育的唯一手段,保护成了抚育成长的唯一措施,人性人格教育一片空白。

孩子在学校里的"苦"与"累"在很大程度上是因为教育与儿童成长规律相违而效果不佳,与儿童成长发展需要和生活实际严重脱节而对于人生的

意义减小。

在现行教育体制下，人的成长发展规律更加让位于各级行政管理部门的指令和学校所追求的业绩，教育的规律和专业性并不被重视。遵从天性、因材施教、教学相长在个别情况下可以做到，却往往遇到管理体制机制与评价的系统性障碍。

经过多年发展，许多学校的房子明显变好了，教室内的教学设施也升级了，课表上排的课程增加了，课程的科目也增加了，教育内涵与质性却不同程度出现变淡变虚的"空心化"趋势。

二、被功利绑架、被权力绑架

"空心化"的第一个关键原因是现实中教育的等级筛选功能。

传统社会中的等级观念与当下功利社会机制耦合成为教育追求应试的强大动力，使教育仅仅成为众多人获取功利的通道、工具和手段，有了分数、名校学历、好的工作岗位就行了，而不在意教育对人的成长发展所发生的内涵完善。

"空心化"的第二个关键原因是学校体系中基层学校责任与权利的"空心化"，使得教育责任链虚化。

出现这种问题，一方面在于行政部门不断进行权利下挖，把本属于学校和老师的权利上收；另一方面在于教师权利意识淡薄，缺乏应有的自主意识，不能自觉地维护本应属于自己的权利，无原则地交出或丢弃了教育教学自主权、惩戒权，于是受到社会质疑，两头受气。

"空心化"的第三个关键原因是教育评价权力过度集中和评价标准过于单一。

标准单一源于评价权力集中，评价权力过度集中就必然导致评价体系单一，最终只看到分数，看不到人，以考分评定教学质量，以毕业生考取名牌大学的录取率为指标，并且由高中传递到初中，一步一步往下推，以至于好的幼儿园都成为家长争抢目标。当下几乎各级学校都参与"生源大战"，成为中国教育乃至中国社会的一大"奇观"。

三、回归本原，办真正纯正的教育

教育"空心化"是教育受到外力作用产生的后果，或者说教育遇到了不适合教育自主发展的环境而产生了变异。教育当事人的权利不足以担当起责任，教育原理和价值受到过度功利化的挑战。改进之道还是要让教育回归"教育"，办真正纯正的教育，遵循教育规律自主提升教育的专业性。循着从微观到宏观的次序，改进的逻辑如下：

破解教育"空心化"的问题，首先必须让教师有权有责，能真正负责。教师周边的人不能对其履行教育职能指手画脚、任意干涉，而应维护其权威，为其正常教育教学提供充分、有效的支持。简而言之，教育是专业工作，需要真正充足的教育教学自主权，如同医生看病人，能够自主地依据所教学生的具体、真实、鲜活的成长发展需要确定个性化的教育教学方案，而不被行政权力和单一评价所役使。这是解决教育"空心化"问题的起点，也是从源头上治理教育"空心化"的基点。

学校必须真正有办学的自主权。教师是学校的主角，校长要依据不同教师的需求做好整个学校的教学协调方案，要做到因材施教，使校内师生每个人充分发挥个性与潜能。学校要提供能使学生展示才能的舞台，办出各有特色的多样化的学校。

政府在教育领域简政放权。要尊重教育发展规律，尊重和信任专业的教育人员，真正让专业的人做专业的事，让当事人有当事权，让决策来源于专业判断而非行政领导的拍脑袋。

让教育评价相对独立出来。分权评价与分级评价相结合，将教育的责任与权力落实到直接从事教育教学的人身上，教育才不会"空心"，每个人的教育不"空心"，才可能建立起整体良性教育生态。

最为整体性的措施是加快推进依法治教。应颁布《学校法》和《考试法》，明确规范各主体间的责权关系。需要有法律约束缺少有效约束的行政权力，明确政府与学校的责权边界，防止行政部门对教育过多过滥的指令和驱使，让学校成为相对独立的法人。还应立法确定第三方评价的地位，确保第三方评价能够有效开展。

读《敬告青年》有感

过去一百年来，一词书写世界大趋势，无外乎先辈揭橥"民主与科学"。顺此大势，百年来中国社会走走停停，有进有退，蹒跚而行，与期待相较嫌慢，以理想衡量骨感。立于当代，众情景似乎又在百年之前。

青年人一如当年，"如初春，如朝日"，唯少人有当年"盛"与"亡"的担忧，外部环境改变使得人内在"怀抱"不同。以独秀先生百年前所陈"六义"为参照，观察当下以大学生群体为主要人群的青年，则有损有益：

"自主的而非奴隶的"：当下青年已无物质生活之忧，但社会竞争压力增大，学业负担加重，就业竞争激烈，不少人形成被动性人格，故自主没有提升反倒有所下降。独立自主人格形成、自由平等人权观念陶冶仍任重道远。

"进步的而非保守的"：称得上"保守"的青年已经不多，称得上"进步"的青年也不多，标准单一的教育使得大多数青年人都比较"规矩"，不"规矩"的也被教育磨去了棱角。除了在学业上争夺高分，少有在探究自然规律和解决社会问题等方面脱颖而出者，使社会缺少了一些多样性的进步动力。久久期待的创新精神和实践能力生长缓慢，"不适世界之生存"被"天然淘汰"的忧虑仍时时萦绕。

"进取的而非退隐的"：众多青年人横向从学校到家庭两点一线，纵向从低一级学校到高一级学校，就业之前未走进过社会，因从未深涉社会，对他们而言无所谓退隐。或正因此，在感知社会的敏感期与关键期未能接触社会，就不再对社会感兴趣了，产生不少宅男宅女，以此视角观察青年人确实显得退隐。但同时，多数青年受激烈竞争感染不能不怀有进取，遗憾的是实在缺少拥有"战胜恶社会""冒险苦斗"气概的真勇士。

"世界的而非锁国的"：当今青年，尤其是大学生视野比过去大为开阔，所获信息量大增，并不缺"世界之智识"，观念则未必开放。精致多出于利己，未融入"世界潮流"，伪"国学"能在青年中流行、"不过洋节"可引发青年人群情激愤便可为证。对人类世界"共同原则之精神"的隔膜、"执特别历史国情之说"者众多，显示中国青年人依然世界得不够，或与世界有遥远的距离。

"实利的而非虚文的"：受社会潮流影响，当下青年显得过于功利而疏于"实利"，偏爱"物质"而忽视"物质文明"，创造幸福生活的观念和能力不强，文凭热、追新族、从众潮近乎"空想虚文之梦"，离"崇实际而薄虚玄"较远。增强服务观念和能力，在实际的事上下功夫，致力"利于个人或社会现实生活"，当为努力方向。

"科学的而非想象的"：青年人科学知识有之，科学精神则明显不足，遇事能够"明其理由，道其法则"，以实证验证想象者不多，众多人仅止于标准答案。标准答案近乎"迷信"，不仅与科学相反，而且扼杀科学精神。以标准答案的获取作为学习目标成为青年人体内的毒素，只要它存在，就无法让青年人真正科学起来。

诚如独秀先生百年前所言"科学之兴，其功不在人权说下，若舟车之有两轮焉"，社会与青年人都"当以科学与人权并重"，用科学根治"无常识之思惟，无理由之信仰"，"以科学说明真理，事事求诸证实"，在这样的学习中成长自己。

当下青年当参照"六义"检视自己，对比上述所感给自己做个评估，作为自己进一步自我认知的基础，并在此基础上生成新的自我建构，达到新的自我实现，进入新的成长发展境界，才能更为健全有效发展。

在这个过程中，青年人要把握以下要领：想尽各种办法真正认识、发现自己，明确人类文明向前发展的方向，自觉、勇敢地追求真理，了解社会并瞄准最适合自己去解决的社会问题，在解决问题上创造自己和他人共享的幸福社会。每个要领都没有标准答案，都需要一辈子下功夫去追求。

青年朋友们，心无旁骛地沿着人类文明前进方向，我们一起去创造一个更美好、更幸福的社会吧！

PART 7

第七辑

改进教育评价

目前的主要问题在管理和评价

在大量调查和实践基础上体悟是我做研究的基本方法，这种方法也是在长时间研究的基础上形成的。

一、爱要通过做事逐渐积累

我走上教育研究之路，受陶行知的影响很大。1981 年 10 月 18 日，全国政协召开陶行知诞辰 90 周年纪念会。这意味着给批判了 30 年的陶行知平反。这个纪念会同时举办了陶行知生平事迹展览。在北京、合肥巡回展览后，大约是这一年的 10 月底 11 月初，到陶行知的家乡屯溪展出。我和同班同学周冰等人一起去看展览，看完后就有着迷的感觉，于是写了首自勉打油诗："八一秋风撩醒思，志立教育造新世；抛却身边半根草，人类优教度此时。"我特地留下了当时做讲解的汪麦浪老师的联系方式，想以后继续保持联系，更多地学习和了解陶行知。当时写下这首诗，主要是有感于自己由高考前后的迷茫，被动地接受外界灌输，转向用自己的头脑思考问题，进而确立了自己的志向，以教育为自己的终身职业去创造新的世界这样一个心路变化。但是这样的想法在现实中遇到了很多阻力。比如，我当时学的是物理专业，老师说我专业思想不牢固，有些本该获得的机会和好处因此就要丢弃，所以为了坚定信念，就借陶行知"不带半根草去"说"抛却身边半根草，人类优教度此时"自勉，后来我才感受到需要抛却的机会和物质利益还很多，甚至越来越多。但是，在精神和其他方面，也得到不少。

经历了几十年的"私淑"，我自己感到陶行知对我的影响浑身都有，浸润到我的内心和行为之中。早在1984年，我的同学就给我取了个外号叫"陶先生"。有一次我到一所学校，见到校门口的大理石上刻着陶行知的"捧着一颗心来，不带半根草去"，我问校长为什么要这样做，他说是为了让教师们用陶行知的话要求自己。我直白地对他说："你这样做违背了陶行知的本意，陶行知这副对联是用来赞扬去淮安办新安学校的学生的，也是对自己的要求，而不是对他人的要求。"现实中，以这种方式学习陶行知的人还不少。自从接触陶行知后，我力求用这句话要求自己，但我觉得不能用它去要求别人。

几十年来，我可以说自己对教育理想的追求一直是真诚的，做到了不为物质利益驱动去说话做事。毕业工作后，我有机会做生意赚钱，也曾有机会进入仕途，但我觉得与自己的志趣不合，就都放弃了。这些都跟陶行知对我的影响有关。更为具体一点说，我感到陶行知之所以能够取得这么大的成就，与他1921年参与孟禄对中国教育的调查有很大的相关性，这让他了解了全国教育的情况。所以自1983年起，我就不放弃一切可能的机会，对各地进行"扫地式"的教育与社会调查，不少地方是一个村一个村、一个乡一个乡地走下来的，这是我现在感到最为珍贵的资源，也是我出版"教育评辨"系列的原始资源。陶行知的做人品格也深刻于我的内心——做主人、真人、人中人。我有幸直接接触了陶行知的不少学生，发现他们当中有的确实学到了陶行知的人格，有些则没有。比如陶行知强调做"人中人"，陶行知的学生中一些人真能做到这点，平等待人，而另一些人还是受中国传统的等级观念影响较大，甚至要把陶行知当作神推上神坛。我一直坚持把陶行知当作自己的老师和朋友，以朋友之道待之，在教育现实中遇到什么问题就向他的文本请教，与他平等对话。我认为这才是真正学到了陶行知的教育思想。追求真理做真人，也是陶行知对我产生重要影响的一种精神。虽然遇到各种压力、阻力，我一直坚持说真话，不戴着面具说话、做人。陶行知说的"爱满天下"也逐渐深入我心，我感到一个人内心的爱要通过做事逐渐积累，才有可能越来越广博，而博大的爱又会成为一个人做事的强大动力。

二、不断地提示我不要走偏

"教育是我的职业，研究是我的生命，把教育办得更好是我的人生目标。"这是我在1981年迷上陶行知两三年后自己琢磨的人生定位，40多年来，我认为自己持续不断地做的工作就是辨别和防备各种诱惑，而这句话不断地提示我不要走偏。我一毕业就从安庆岳西到徽州歙县工作，当时一年只有一次探亲的机会，单程需要两天，父母及同学都是反对的，甚至是鄙夷的，但我坚定地走了这一步。异地工作确实有比较多的问题，中间有从政潮、下海经商潮的冲击。若不从事教育，我可能会得到世俗社会所谓很高的回报和成就。1990年，某省宣传部领导就要把我调过去，我考虑再三后放弃了。2012年，这位领导去世，追悼会上，当年具体为我办调动手续的周姓处长和我相遇，她问我：如果你20多年前调到省委宣传部，今天会怎样？我告诉她：有三种可能，一是省部级领导；二是在监狱里；三是一般处长。这也是我所遇到的很多人的际遇。这只是个典型的例子。事实上，在年年月月的各个人生节点上，比如申报课题、评奖、评优、晋升等，各种诱惑都存在，到现在，我可以平静地说，我守住了初心，有逐渐增长的思想积累，一些得到社会公认的观点正是这个积累过程中的自然结晶。

基于我40多年的教育研究和实践的经历，对于一线教师如何践行陶行知的教育思想，首先要了解真实的陶行知，不能将别人加工、虚构甚至扭曲的陶行知作为学习的对象和依据。为此一方面要通过调查分析找到自己的问题和需要，另一方面要多读陶行知的原著，选择与自己面对的问题相关度较高的内容精读，反复读。照陶行知的文本做了以后，再检验效果，分析相关的各种因素，然后再读，再结合当下的新情况有创造性地去做。其实我自己就是用这样的方式进行研究与实践的，加之1988年担任《陶行知全集》的专职编辑，现在找得到的陶行知的文稿我都读过三五遍，其中像《中国乡村教育之根本改造》则读过数百遍，不是一遍遍反复看，而是结合实际中的具体问题反复看，反复分析。读陶行知原著的时候不是只读知识和信息，还要学习他解决问题的方法和胸怀。简要地概括，他的胸怀是人民第一，爱满天下；他所注重的方法是试验和实验，教学做合一。

三、从实地调查和历史两方面研究教育

乡村教育是陶行知倾尽心力之所在，也是我一直关注、关切的一个领域。目前的乡村教育，特别是留守儿童的教育，主要存在哪些问题？

乡村教育让人忧心，目前主要的问题是不少乡村的孩子享受基本公共服务的权利没有得到有效保障，它表现在各个环节和各个方面，比如政策、体制、师资、投入、学校布局、管理、评价等。一些地方解决这些问题有一些具体做法，或仅解决师资问题，或仅解决校舍问题，但不够完整，也未能从保证乡村孩子享受与城里孩子平等的基本公共服务权利这个源头上去考虑问题，所以总是不能完全充分地解决问题。其实，乡村留守儿童的问题就是整个社会的问题。

有人认为，凡事都有两面性，在看到问题的同时也要看到乡村教育的一些劣势可以转化为优势。比如在校学生少，便为小班化教学、因材施教提供了更多的可能与机会。

乡村教育目前最大的优势是有一些城市学校所没有的资源，尤其是可以让孩子亲近自然、有宽敞的运动空间，但这样的优势在现有教育评价下无法有效利用，教师也缺少利用这些优势的技能。至于学生人数少，这要看在什么条件下才能转化为优势：如果是自然分布的少，有优势也有劣势；而当下乡村学生少的情况，其实际情形是一部分条件和智力较好的学生离开了乡村，留下的是更为弱势的家庭和孩子，所以难以构成实际的优势，反而在教学上会有更多的困难。与此有相似性的问题是乡村社会，我用"净出村"这个词来描述，也就是村里的人口只有出去的，没有进来的，这类村子的改善比较难，这类村子的学校的改善同样困难。在这些村工作的教师，关键是要打破当地的封闭性，以更为开放的意识做好学校工作，让村民和孩子有更为开阔的视野。

基于这么多年的田野调查和思考，我常说教育成了我的爱人。我从实地调查和历史两方面研究教育，尤其是集中研究中国教育，对它的优点、痛点、敏感点都很熟悉。目前主要问题在管理和评价两大方面，管理的主要问题是以管理行政机构的方式管理学校，而非依据学校属于专业机构的特性实

行专业管理；评价的主要问题在于以单一的标准评价天性多样的个体和本该各有特色的学校，导致千校一面，千人一模，压制或摧毁了人的天性中的优势潜能，使原本可顺其天性成才的人变得平庸，甚至畸形。对此我内心极其痛苦，这些问题在短期内无法见到可以有效改善的迹象。

如何破解这些教育困局？我一直在急切地寻找解决问题的路径。简而言之，需要遵循以人为本的原则，对政府的管理体制进行改革，政府对教育要承担必要的责任，但不能包揽包办，要充分发挥专业组织和个人的作用对教育进行管理与评价。教育经历数千年的发展，是比政府的行政工作的专业性高出好几倍的工作，用非专业的人和组织去管理专业程度高很多的工作必然酿成灾难。我一直以各种方式推动这方面的改革，如管办评分离、高考招生制度改革等，至今成效不大；我也不放弃一切可能的机会，从一线的教育教学变革入手，做些力所能及的事；对那些受到不当教育压制和伤害的孩子，救起一个是一个，救到一成是一成。

四、最重要的常识就是教育的对象是人

我多次呼吁大家回到教育的原点，回到被忽视已久的常识上来。目前的教育忽视或者丢弃了哪些常识？

对于这个问题，人们常产生歧义，事实上对一个问题的认识深浅不一的人所能看到的常识是不一样的。教育中最重要的常识就是，教育的对象是人，要以人为本，遵从人的天性，因材施教，通过评价促进人的发展。在人之外设置教育目的、用一个标准去评价和锻造所有人、不断用标准答案训练人，都是违背常识的做法。

对于一名普通的教师而言，做到"回归常识做教育"确实有难度，简单地说，需要有见识，有能力，有担当。如果你看不清楚，就不知道方向在哪里，必然随大流；如果能力不行就是想改变，也不可能有任何实现的效果；如果瞻前顾后怕伤及自己的利益，更不可能做什么。

具备这些基本条件的人，依据自己对所面对学生的准确完整的了解，遵循自己对教育内在规律的认识去做教育，就是回归了教育的常识。最为关键

的是要保持开放的心态，不能仅仅守着教科书和习题集，要多读经典，打破时空界限，多与优秀教师交流，多了解社会实际，多与学生和家长接触，多学习各种先进理念，看清人类文明发展的方向，与学生一起不断追求真理做真人，共同成长，共同创造幸福。

"立"起多元专业评价才能真正破除"唯论文"

近来,破除"唯论文"再次受到学术界内外高度关注。教育部印发的《关于破除高校哲学社会科学研究评价中"唯论文"不良导向的若干意见》指出,不得把 SSCI、CSSCI 等论文收录数作为教师招聘、职务(职称)评聘、人才引进的前置条件和直接依据。

破除"唯论文",并不是新话题或者说新信号,稍微年长些的教育工作者都经历过"破"字当头的年代。不过之后的事实证明,如果"破"与"立"不平衡,"破"的同时没能找到更加专业、优化的替代方案,或甚有"破"无"立",那么不管政策的初衷多好,都大概率不能真正解决实际问题,还有可能引发形式主义更新的或更严重的问题。

由此说,解决"唯论文"的问题,关键在于有破有立。通常情况下,需要先"立"后"破",从"立"的视角分析、界定问题,在"立"上下足功夫,寻找更优化、更客观公正的解决方案,"立"起更好、更有效果的机制去淘汰掉不合时宜的做法,并稳妥推进、有序改善。

需要进一步明确的是,就破除"唯论文"而言,要"破"的不是"论文",而是"唯"。"唯"出现的原因,主要在于评价主体过于单一,评价权力过于集中。"唯"在横向上忽视各学科门类的多样性,在纵向上忽视甚至无视学术发展的过程性。"唯"才是导致各种问题积累的根源,破的对象必须瞄准"唯"这个目标,要避免目标分散或转移。

若将"破"的对象错误聚焦到"论文"上,围绕"唯"的观念、思路和做法没有改变,那么不只是"破"错了对象,还有可能将某个更经不起检验的对象——被作为"论文"的替代物——"唯"起来,如此或将产生更糟糕的结果。

系统解决"唯论文"问题，需要在思想观念、评价管理、运行机制等方面都走出"唯"的死胡同。有效缓解唯论文造成的各种不良后果，有效且正确的途径，应当是真正引入专业评价，建立第一方、第二方、第三方同时发挥作用的多主体专业评价，多方相互印证和监督，整体形成良性的评价生态，从而系统、可持续、彻底解决"唯"的问题。

与"唯"相对的是"多"，事实上，其他国家几乎不存在"唯论文"等"五唯"现象的原因，就在于他们有多主体参与的多元评价体系。任何一个评价主体、任何一种评价依据都不可能获得被"唯"的地位，成为"唯"的对象。这也从另一个方面印证，只有从根本上"立"起多元专业评价，才能彻底解决所有"五唯"问题。

"五唯"的核心症结，都在于集中的评价权力和单一的评价标准，以及维护"唯"的思想观念、利益关系和组织体系。若仍是以单一主体把"论文"拉下"唯"的神坛，很难保证被推上去的其他对象不成为"唯"的新对象，这也就是在前文中所表明的忧虑。如果不从根本上解决滋生评价权力集中的土壤及深层次问题，"五唯"问题将以变换的新面目循环往复，不断出现。

各评价主体拥有自主开展评价活动的空间，自然会依据具体的评价对象特征考虑并设计建立权重合理、依据可信的评价体系和机制。这些内容本身就是个性化、多样态的，不同质化就不会走向"唯"的死胡同。

多元评价体系建立后，各评价主体从建立自身信度和维持生存出发，自然需要不断优化标准和程序，设计个性化的标准和技术，有针对性地解决数量与质量、简单重复与创新、短期与长期、基础与应用等多种关系的平衡、等值问题。这些极为复杂的个性化问题靠单一评价主体的同一口径的要求是无法解决的，同时还需要有一定专业资质的人进行专业判定，不能仅仅依靠或指望非专业的人员使用同一个政策文本就能解决所有问题。

归根结底，建立多元专业评价并真正让它发挥作用，"唯"自然会退出历史舞台。

教育评价改革关键在从"一"到"多"

2020年10月,中共中央、国务院印发《深化新时代教育评价改革总体方案》(下简称《总体方案》),强调要完善立德树人体制机制,扭转不科学的教育评价导向,坚决克服唯分数、唯升学、唯文凭、唯论文、唯帽子的顽瘴痼疾,提高教育治理能力和水平。

如何深化教育评价改革,怎样才能真正深化下去?必须将当下的教育评价实际问题和相关逻辑原理弄明白。目前,教育评价主体过于单一、评价权力过于集中,不但造成教育焦虑与内卷的问题,更考问社会公平。

深化教育评价改革目标能否实现,关键就在于如何处理好教育发展与评价中"一"与"多"的关系。这需要在思想观念、评价管理、运行机制等方面走出单一评价的死胡同。

一、"一":只有测量,没有评价

原有教育评价的基本特点是评价主体过于单一,主要集中在第二方即教育管理方的评价。第一方学校自身的评价呈现逐渐变弱的态势,第三方教育评价未能充分利用和发展起来。评价标准单一,几近用一把尺子量每个学生,让每个年龄组数以千万计的孩子按照总分模式去排同一条队,拥挤不堪,学生连带家长和教师的负担不断加重。

事实上,这种模式将所有人都绑架在一起,教育焦虑不断加深,课外培训越来越疯狂,甚至已经影响到整个社会的正常生活、生产和创新、创造能力的提升。

评价方式单一，表现在主要依靠已经使用了千余年的纸笔测试，甚至只有测量，没有评价，以测量替代评价，现代教育评价理论与方法很少被利用。评价功能也是单一的，主要为了选拔升学，进入更好的学校，找更好的工作，挤压并窄化了教育的功能，影响到教育培养智能健全的人。

这样的评价与教育事实的多样性、个体天性特征的多样性、社会对人的需求的多样性、个体成长发展过程的多样性，以及与此相关的教育的自然与社会条件的多样性、教师与教学情境的多样性之间不只存在反差，在不少情况下还成为障碍。教育评价的"一"与教育评价对象及其环境条件的"多"之间的矛盾，是现行教育评价的主要矛盾。

二、"唯"：评价权力非专业化地过度集中

"五唯"问题，已经是教育评价中分外突出的问题了，但人们对它的认识还比较肤浅。"五唯"的背后是非专业的"唯权"，这是导致各种问题积累的根源。在单一评价的框架下，"唯"其实远不止五个，而是处处、时时、事事皆可"唯"。某大学教务办"学生成绩必须服从正态分布"的规定引起舆论哗然，就是一个生动的例证。

评价权力非专业化地过度集中与统一。由于是非专业化的，集中统一后由于不自知，常常无视"多"的存在。在横向上，忽视各学科门类的多样性，忽视不同地区和个体的多样性；在纵向上，忽视、无视甚至阻碍学术发展和个体成长的过程性，不能做出符合实际的专业判定，只能用不专业也不全面的分数、升学、文凭、论文、帽子作为参照依据或中介，挡住各种专业合理的质疑、论证，也挡住了现代教育评价的新理论、新技术、新方法，还有可能在教育评价上乱作为，使问题进一步扩大或恶化。

面对评价主体过于单一、评价权力过于集中、只有一个主体说了算的现实困境，《总体方案》提出，构建政府、学校、社会等多元参与的评价体系，发挥专业机构和社会组织的作用。这说明，教育评价正在迈出从"一"向"多"转换的步子。

三、"多"：走出死胡同

多主体评价，由不同的专业团队依据专业程序，确定所评对象的具体权重。多主体必然使用多种标准、多种理论、多种方法、多种功能的评价，使教育评价与事实和社会发展的需求更好地相互协调。事实上，一些国家几乎不存在"五唯"现象的原因，就在于建立了多主体参与的多元评价体系。这也从另一个方面印证，只有从根本上树立起多元专业评价机制，各评价主体拥有自主开展评价活动的空间，依据具体的评价对象特征考虑并建立权重合理、依据可信的评价体系和机制，才能彻底解决"五唯"甚至"N唯"问题。

评价是教育的关键，也是教育出现诸多问题的起因。专业的多元评价，需要在思想观念、评价管理、运行机制等方面都走出单一评价的死胡同。缓解"唯"造成的各种不良后果，有效且正确的途径应当是明确在教育评价上"一"与"多"的边界，充分利用多元评价的灵活性，打破长期以来造成的僵局，减轻单一评价造成的逐年累加的沉重负担。

真正引入专业评价，建立第一方、第二方、第三方同时发挥作用的多主体专业评价，多方相互印证和监督，满足学生多样性发展需求，整体形成良性的评价生态，有针对性地解决数量与质量、简单重复与创新、短期与长期、基础与应用等多种关系的平衡问题。

"多"并不意味着"一"的消亡。建立多主体评价体系，并不意味着教育管理部门的缺位，教育督导部门统一负责的教育评估监测机制必不可少。此外，还应利用人工智能、大数据等现代信息技术创新评价工具。整体上"一"与"多"之间的关系更加和谐，才能更加有利于教育高质量发展，更加有利于人们通过教育实现幸福。

莫让综合素质评价落入"应试"窠臼

关于北京推出新高考方案的消息引发热议。根据方案，从2020年起，北京市统招录取将采用"两依据、一参考"模式，即依据语文、数学、外语3门统一高考成绩和选考的3门高中学业水平等级性考试科目成绩，参考学生综合素质评价择优录取考生。其中，高考成绩占比原则上不低于总成绩的60%。换句话说，综合素质评价在高招录取中的占比最高可达40%。方案一出，立即掀起舆论大波。

其实，自2014年《关于深化考试招生制度改革的实施意见》提出采用"两依据，一参考"的方式录取高校新生起，"综合素质评价"便一直是社会关注的热点，稍有风吹草动，大家都会绷紧神经，更不用说此次北京推出的新方案中，综合素质评价被赋予如此高的权重了。

由于中国较长时间实行的是政府包揽的考试招生制度，对学生的综合素质评价长期在行政部门的统一要求下实施，因此在评价理论和实践上相对滞后。一旦要将其与升学挂钩，记入学生档案并作为中高考录取的参考，就不能不谨慎行事。

目前，大家所能看到的是各地教育主管部门建立的中小学综合素质评价系统或平台。这些系统和平台的理论依据和实践方式各不相同，但总体上是对学生的思想品德、学业成就、身心健康、艺术素养和社会实践五个方面做出评定，划分A（优）、B（良）、C（一般）、D（差）四个等级，有的地方还将全班或全校学生划定各等级比例。评价过程包括自评、同学互评、教师或班主任撰写评定意见。一些地方将同学互评与教师评定各占50%的权重记入学生档案，作为此后的参考数据。

从中不难看出，目前对学生实施的综合素质评价，使用的还是像各科考试成绩加总分那样的"总分模式"。综合素质评价的关键要素——谁评价、谁使用评价结果、用什么标准评价和评什么内容在这个过程中被忽略。

必须承认，每个学生的天性是各不相同的，他的综合素质也是极为个性化的存在，因此评价本身是准确地描述和评定不同学生综合素质的状况和特征。对所有学生一个模式的思想品德、学业成就、身心健康、艺术素养和社会实践加总的方式，在评价理论和实践上都是有问题的。因为现实中的人各方面发展不是平衡、平均的，不是所有孩子同步的，也是不具有可比性的。如果实施统一的综合素质评价，则有可能成为分数应试之后的"综合素质"应试。还没有从分数比拼中解脱的学生，则有可能掉进单一模式的综合素质评价陷阱。这对所有孩子的成长发展都会造成严重的挤压，最终可能影响其自主成长发展。

再看看世界教育发展得比较好的地区，基本不会采用统一的模式和标准进行综合素质评价。综合素质评价主要在较高端大学的招生过程中进行，中低端大学只需要看专业组织的学业测试结果（如 SAT）或学生在高中的学业记录就可以录取了。综合素质评价的主体是高校专业的招生团队，他们也不会事先确定一个对所有考生都适用的标准和模式，而是依据学生申报材料中所陈述的事实及该生相关信息的真实性、独特性、突出性来判断考生是否具有很强的使命感、领袖力、合作能力等综合性能力与品质，整体上能否显现出他是一个充满活力、有较大潜能、符合招生学校培养的人。

不同的高校会依据自己的办学理念、学校特色、招生要求、培养目标，确定自己的综合素质评价标准。因此，同一名考生在哈佛大学与麻省理工学院所获综合素质评价差距较大是正常的现象。众多学校由此形成多元自主的综合素质评价体系，从而使天性各不相同的学生都可以充分发展自己的天性，而不必担忧自己的做法是否会在与别人的比拼中败下来。

简而言之，不同学生的综合素质是极为个性化、多样化的，是可变的、多重结构的复杂存在，不存在分几个方面同值可比的指标。对它的评价必须像艺术鉴赏家那样，发现不同学生的独特性与杰出性。进行单一模式的评价则是削足适履，若将这样的评价结果应用于升学，自然会大面积伤害儿童的自主成长发展。

当下，在中小学推进综合素质评价的切实可行的措施就是对学生独特的表现进行及时、完整、客观、准确、真实的记录，尽可能少做评判。这些记录可以作为该生升学或其他需要进行综合素质评价时的可信证据，由使用综合素质评价结果的一方专业团队对该记录做出价值判断，从而形成高校与中小学相互配合、相互检验与相互博弈的学生综合素质评价体系，并在实践中不断完善。

综合素质评价，如何评才合理

北京市教委发布2019年中招新政，首次把综合素质评价纳入中考总成绩，占30%的权重，引发热议。

事实上，在其他一些国家和地区，进行综合评价而不仅仅看考试分数是普遍使用的教育评价方式。中国在过去很长时间内仅仅依据考试分数来选拔人，本身是不完整、不专业的。

在古代，不管是中国还是西方，都依据考试结果对人做判定。但是，在最近的100多年里，教育评价发展变化很快，从多个方面去评价学生成为趋势，用实证依据来评价学生成为趋势，对学生的评价尽可能以人为本成为趋势。评价不再只具备筛选学生、评判出学生哪里不合格的功能，其本身是为学生更好地成长发展服务。

这次北京把综合素质评价纳入中考，顺应了世界上教育评价发展的大趋势，与自2010年启动的高考招生制度改革的整体设计也是一致的。这个决策本身无需质疑，但是在实施过程中，需要谨慎而行。

首先，现有的做法是把所谓的综合素质评价纳入中考考试成绩，与世界各国通用的在综合评价中将学业成绩作为参考依据之一不同。这种模式服从了政府主导中高考而非由学校专业团队招生的体制，顺应了总分模式下对学生统一排队的需要，却解决不了对学生评价权力过于集中和评价标准过于单一的深层问题。一方面让综合素质评价变成了总分模式下的分支，变成另一种成绩；另一方面，让综合素质评价变为学生比高低的新的领域与工具，难以科学有效评定，从而引发对家庭社会资源少的考生会受到不公平对待的担忧。其次，怎样进行综合素质评价，目前还没有找到一个成熟的方式。各地政府文件中所表述的"综合素质评价"成为课堂表现、学习态度或思想品德、学业成绩等各方面等级的加总，认为所有孩子都可以用同一个标准进行综合评价，这个假定是经不起推敲的。

中考分数与综合素质评价相结合的框架是对的，但综合素质评价到底应包含哪些内容，谁是评价的主体，有没有大家可以一致比高低的评价标准，这些都需要去探索。特别是要引进专业的方式、专业的力量来解决好这个问题，不能行政部门定了一个框架，就简单按照这个框架去做。

在此提供一种模式供参考。长期以来，我们提倡特色化高中建设，不同高中学校间有差异，比如有的可能在艺术方面有优势，有的在数理方面有优势，有的在技术方面有优势。各所高中可依据自身优势，设定自己对学生的判定标准。每名初中学生提供可实证的依据证明自身的独特特征、能力，初中学校将此信息提供给不同的高中学校，高中学校依据材料做判定，这样才是个性化的、更加符合以人为本的、更加符合个人成长发展需求的综合评价。

这一评价模式最关键的是要让不同高中学校有不同的特色，让高中学校在中招中有一定的权利。学校在自己的特色领域里招生，有权对学生进行评价。如果把对义务教育的统一的基本要求作为行政部门的要求，同时把学生个性化成长发展的部分交由有个性化培养基础的学校的专业团队来做评价，或者引入社会的第三方评价，这个分界就很清晰，就能更好地根据每个学生的天性、个性去进行有效的培养，从而培养出多样化的人才。

总体来看，北京市所做的还只是一个初步的改革，要真正实现中考改革，还有很多事要做。最终的目标是要实现以人为本，让评价更公平和专业，更有效地服务学生成长发展。

教育评价多元化才是减负的治本之策

校外培训机构是学校教育的补充，对于满足日益多样的学生学习需求、拓展综合素质具有积极作用。但近年来，一些校外培训机构违背教育规律开展以"应试"为导向的培训，造成中小学课业负担过重，增加了家庭经济负担，破坏教育生态。但这仅仅是校外培训机构的过错吗？

减负究竟应该怎么减？校内教育应该如何保证学生的学习质量？校外培训机构应该如何合理开办？家长又应该对孩子的成长抱有怎样的期待？

减负了这么多年，但相比上世纪 90 年代，今天的学生负担依然在不断加重。无论是减少课程时间还是课业总量，其实都只是形而下的具体表现。学生负担重，根本上还是由于教育体制中评价标准过于单一导致的。

一、负担重，从何而来

几十年来，我们都在依据同一个评价标准进行人才选拔，这使得管理评价的基本理念根深蒂固。虽然从 1977 年恢复高考以来，出台了很多政策来修正这一问题，但实际上还是在用各种措施细化和完善这种管理体制，教育理念并没有发生根本性的变化。

纵观中国教育改革多年，都是在局部时段、局部领域解决局部问题，因此学生学业负担问题才没有被根治，反而造成了评价标准越来越单一，评价权越来越集中。

而这，也成为校外培训机构涌现的原因。

如果学校与学校之间按照分值差距招生，那么提高分数，就成了每一个孩子和家庭的需求。只有把学校做得更均衡，不仅仅以分数来评价学校和学生，才能从市场需求角度减少培训机构的数量。

事实上，不仅是校外机构，很多学校也在用能让学生考取更高分数的方式来组织教育教学。学生应该用于发展其他能力的活动时间都被刷题占据，这给了他们更大的学习压力。但是，如果学生的精力都只局限在某一部分，能力就不可能得到全面提高。效率低，负担自然就会更重。

二、破解评价、管理困境，是减负治本之策

想要改变这种现状，家长首先要树立长远的、照顾到孩子终身发展的教育观。要对孩子有理性的判断，不要给他们太多课业和排名上的压力。当我们用同一套标准进行要求，用相同的内容进行测试，这样的排名结果总会有学生在前，有学生在后，这也是造成压力的主要机制。

作为学校，要能够提供学生展示才能的舞台，办出各有特色的多样化学校。同时要给教师足够的教学管理自主权，当然，这也需要政府的支持，要注意管理的边界，要尊重教育发展规律，尊重和信任专业的教育人员，真正让专业的人做专业的事，让当事人有当事权，让决策来源于专业判断而非行政领导的拍脑袋。

当然，想要实现更深层的减负，依旧要推进整体教育评价机制改革。不能再单单停留在考试改革上，招生机制和评价管理机制也要改，要根据大学的招生需求来改，而不是依旧只看高考总分数。

现在我们都在严禁宣传"高考状元"，在我看来这个问题其实很好解决，那就是不要算总分。不同的科目分数相加，就好比一只鸡加两只鸭加三头牛，看起来合理，但其实单位都不同。专业的办法，应该是用全科成绩展示的形式呈现各科分数，再由各个大学根据需求进行招生，这样也就不会有高考状元的宣传出现了。

总而言之，用同一个标准衡量所有人，孩子最终是不能成才的。统一的评价标准无法满足社会的多样性需求，我们要承认孩子的多样性和独特性，给他们更多自主学习的空间和机会，教育评价多元化才是减负的治本之策。

PART 8

第八辑

优化考试招生

实施"强基计划"须找准学生与高校优势切点

实施强基项目的相关高校陆续发布各校《强基计划招生简章》，引来众多关注。"强基计划"是全面贯彻全国教育大会精神，深入贯彻落实《关于深化考试招生制度改革的实施意见》的一项举措，目标是服务国家重大战略需求，加强基础学科拔尖创新人才选拔培养。

2020年开展"强基计划"改革试点，由各高校选出自身已有的强势基础学科，安排一定量的招生指标，招收符合报考条件的优秀学生。学校根据考生的统一高考成绩和学生申报材料，以4倍于实际招生数的名额确定入围校测的学生名单。"强基计划"主要招收高考成绩优异或相关学科领域具有突出才能和表现的考生，两类考生录取依据略有差异，试图探索多维度考核评价模式，选拔一批有志向、有兴趣、有天赋的青年学生进行专门培养，为国家重大战略领域输送后备人才。

首先需要明确的是，招录仅是人才培养过程中的一个环节，对这个环节要重视却不要短视。一个有特殊才能的人能不能在某一所学校通过特殊的培养成才是多因多果的偶然性组合关系，考生对于进入"强基计划"要积极争取，又要顺其自然。切不能过于功利看待，非千方百计跳入不可，或许对于某些考生走"强基计划"之外的路径更适合。各高校也不能过于相信"招到了优秀的学生就成功了一半"，而需要将更多精力用在更好地规划、实施培养过程上。

各高校在简章里除报名选拔方式外也简要陈述了培养方案，其中列述的主要还是目标、规范、原则、形式和程序，尚缺少面对独特、具体、鲜活个体的个性化设计方案。为此，各高校应深入研究国内外相关的案例，尤其值得重视的是中国 100 年来专业人才培养绩效最为显著的叶企孙案例。

叶企孙培养出近 80 位院士和众多科学家绝不是偶然的，其关键在于他有强烈的教育感：一方面敏锐且深度了解学生的天赋；另一方面熟悉世界多个学科的研究前沿，将天赋适合的学生引导到对应专业研究的前沿，实现学生优势潜能与对应专业研究的前沿领域精准对接，人的发展就进入了相对适合的预定轨道。

实施"强基计划"的高校一定要清醒地意识到，高校的教育不能覆盖任何一位学生成长的全过程，只能在某个关键点上以合适的方式为有特殊才能的人提供关键的助力与定位，注重志向、使命感和在新的未知环境中自主生成能力的培养。所以，学校不能过度强调自己的方案设计多么科学而要求学生不差毫厘地遵从，而是要以发展、运动变化的观点，看到学生的成长发展与学校的发展是两个不同的运行主体。这一关键在于找到学生优势潜能与学校强势学科的切点，选择好相切的时机。

"强基计划"还是新事物，这就要求学生与高校都处在高度自主自觉的状态，不断进行相互了解、试探、磨合，找到切点，提升最佳时机成功相切产生巨大能量的概率，这样才能实现"强基计划"服务国家重大战略的目标。

如何科学看待"强基计划"

新学年,入选"强基计划"的第一批学生走进36所试点高校校园。与130余万人报名的火爆相比,录取时有部分高校没有招满,这一反差显现出招生高校与考生和家长之间存在信息不对称和信息传递不及时的问题,考生和家长对这个项目了解不够,社会认识不够充分,各项目实施高校也在探索的路上。

报考的"热"与录取的"冷"之间的差是怎样形成的呢?分析其原因,主要有:一是作为取消自主招生之后首个可能带来"降分录取效应"的国家计划,降分的幅度比自主招生小,被一些考生和家长认为照顾不够;二是招生的专业主要是显得相对冷门的基础学科,需要学生有更大的奉献精神和意愿,需要有"坐冷板凳"的准备;三是它的重要性主要体现在国家和社会的需求,未能充分转换为学生与家长的需求,双方对未来的期望未能充分合一;四是自主招生报名的门槛虽比"强基计划"高,但进入自主招生后学生有更多灵活变动的通道;五是大量报名者有较强的进"强基计划"项目实施大学的意愿,却未必想进入"强基计划"的实施过程。上述因素导致一些考生与家长在报名之后产生摇摆,当裸分出来后发现有自认为更好更灵活的选择就放弃进入"强基计划"的后续招生进程,各项目高校都出现一些学生弃考的情况。

"强基计划"的"基"是服务国家重大战略需求,加强基础学科拔尖创新人才的选拔培养。"强基计划"怎样做强,教育行政部门和项目实施高校无疑需要在对实施状况进行总结分析的基础上加以改进和优化,依据以人为本、因材施教等基本原则,建立更加高效灵活的招生和培养机制。同时,需要社会各方，尤其是考生对这个项目与自身成长发展及未来生涯的内在关联有更加充分的认识。

首先，考生需要善于将自己的"强志"与"强基计划"结合。考生需要对自己的优势潜能与社会需求有更加深入全面的了解，确立更加明确的志向。高校则可考虑对有充足证据证明志愿比较强的考生适当放低考试分数线，挑选真正有志者。

其次，考生要善于在"强基计划"展示的国家战略需要中找到自己成长发展需要的对应关系。"强基计划"所展示的国家战略需求已经过各方面广泛筛选，是真实的、稳定的、长期的。而不少考生凭自己所获得信息判定的未来社会需求常因信息不充足而具有较高的不确定性，瞄准国家重大战略需求至少减少了因自己的判断不准确而付出的机会成本。

再次，信息不及时、不充分、不对称是当下"强基计划"的基本状况，解决这个问题需要高校与考生建立更有效的信息共享平台和机制，考生或家长需要积极参与，及时获取或咨询相关信息，使自己的选择以充足的信息为依据，遇到变化也能灵活处理。

最后，基础专业的广普性为未来的发展提供了更丰厚的基础。这点不少考生与家长未有充足的认识。在本科阶段从基础学科起步能为未来的发展提供更宽广的机会，也有利于培养考生分析问题、解决问题的能力，形成宽阔的视野和广泛的学习兴趣。

当然，让有志向、有兴趣、有天赋的孩子被选拔出来，不仅是大学的事，也是一个孩子成长成才的过程，还应该有小学、初中、高中、大学的一揽子计划。

以更大的自主克服焦虑应对高考延期

教育部发布了经党中央、国务院同意，2020年全国普通高等学校招生统一考试延期一个月举行的公告。

新冠疫情是导致高考延期的主要原因，事实上自春天学校未正常开学以来，家长和学生就有一些焦虑情绪，尤其是参加高考和中考的考生和家长更是既担心未能做好应考准备，又顾虑在此情况下考试招生能否确保公平公正。

延迟一个月会导致很多的因素发生变化，各种变化都会在一定程度上影响到不同考生。一方面，考生和家长反应比较强烈的是停课期间学生网课学习效果没法跟在校学习相比，基础条件薄弱的地区特别是农村贫困地区影响更大些，不延期对他们参加考试不公平；另一方面，延期以后学生如能到校复习，较好高中的提分效果会明显高于一般高中，又会产生另一种对冲效应。可见在时间变量上，公平的实现是多因多果交互影响后的整体表现，不能从单一方面考虑而陷入片面。

正因为此，延期一个月的选择肯定不是对所有人都很理想的方案，却是一个考虑到多个方面因素的现实选项，是综合考虑疫情、学生备考、考试组织、命题、组考、评卷、录取等各个环节多方面的因素得出的比较合适的安排。与往年不同的是，此次高考招生的各个环节都需要将疫情防控措施考虑进去。保障学生和各环节关涉人员健康、安全是第一位的。

从心理学角度观察，不变的对象常不引起注意就不会产生心理压力，变化的对象就会引发关注而增加压力，高考延期对所有当事人都会有心理压力。在疫情防控情况下，各方面充分发挥自主性和应变能力才是每个人可以把得住、用得上的尚方宝剑。

延期对高校和招生部门的影响相对较小，因为过去曾长期安排7月份高考，各项工作能够顺利完成，确保9月开学，当时的信息化与现在尚无法相比。即便这样相关机构和部门也需要以变应变，不得大意，细化各环节的应对方案。

延期对高中学校的影响就相对较大。即便延期，高中也不能像往年那样稳扎稳打慢节奏地辅导学生复习，总时间量已经少于往年，所以在学习内容上要精选，时间安排上要更紧凑有效，方式方法上也需要调整，调配更充足的师资，要更多了解学生的学业状况，更有针对性地开展学生指导。

延期对于考生影响最大。自主学习能力强的学生在延期内的收获远大于自主学习能力弱的学生；适度焦虑是有利于提升学习效果的，过度焦虑必然降低学习效果。所以对考生普适的应对策略就是以更大的自主克服自己的焦虑，来应对延期可能带来的各种变化。更多关注自己学习的过程，不要老是想着得多少分的结果。

事实上，在高三的最后一个学期大多数学校不安排学生学新课，学生自己做规划，自主安排学习和复习时间没有太大的障碍，没有必要过度焦虑，没有必要由老师安排与知识掌握程度不同的同学同步复习，没有必要过多听老师讲，将自己无法解决的问题筛选出来向老师询问更有效。

高考延期显示政府在为学生健康考虑，为考试公平考虑，确保大家健康地通过高考实现自己的人生梦想需要每个人充分发挥自主性和创造性，大家共同努力！

高校如何利用复试自主权为保障公平担责

2020年全国硕士研究生招生考试的笔试于2019年12月如期举行。突发的新冠疫情使得研究生复试成为几百万考生和相关当事人心头那只"未放下的靴子"。

4月14日,教育部公布《2020年全国硕士研究生招生考试考生进入复试的初试成绩基本要求》(国家分数线),并印发通知,就做好2020年全国硕士研究生复试工作进行部署。2020年研究生复试工作最大的变化是根据疫情压力和当下实际给了招收研究生的高校更大的自主权,高校可以自主确定复试办法。

根据部署,复试启动时间原则上不早于4月30日。复试方式由招生单位根据学科特点和专业要求,在确保公平和可操作的前提下自主确定,可采取现场复试、网络远程复试、异地现场复试以及委托其他高校复试等。

看到更多安全感和更多方便的同时,考生们也可能担心这个改变是否能确保复试与招录的公平公正。从以往研究生招生的情况看,所担心之事虽然发生的概率相对较小,但这种担心也并非完全多余。更多人有这种权利意识和警觉,是确保研究生招生公平公正广泛而坚实的基础,也是推动高校及相关各方做好复试和招录工作的强大动力。

权利与责任是需要对等的,高校获得复试的更大自主权就需要相应担负起更大的责任。作为复试环节更大的责任主体,增强责任意识并将责权分明细化到复试招生的每个团队成员是高校更好地担责的前提。能否消除长期积累的依赖思想和"照章办事"的托词行为,积极回应包括考生在内的社会各方的质疑与监督是担责状况的见证。

扩大高校办学自主权是多年来社会一直在发出的呼吁，扩大研究生复试自主权自然是其中的一项。高校要敏锐地意识到这项具体改变对各校更好地自主发展的价值和意义。通常说招到合适的学生办学就成功了一半，能否有效抓住和利用这个机会完全取决于每所高校。

2020年研究生招生复试的改变是整体教育管理应对新冠疫情的具体举措之一，有可能成为未来管理体制改革的转换点，此后向哪个方向转，在一定程度上会视这次调整措施实施的效果而定。对那些有积极充分准备的高校而言，就是拉开了发展新窗口的"窗帘"，如果依然因循守旧，从思想理念到行为措施都未能充分转变，则可能错漏百出，不只是所在高校被考生和社会抛弃，也会影响疫情后相应教育改革的走向。简言之，只有每个学校将这一改变与自身未来发展密切联系起来考虑，才有可能更自觉地担当责任。

为了更好担责，就必须调整往年的规划，系统考虑各种变因，做出更加周密严谨的规划，积极主动依据学校招生诉求和对应专业人才成长特点，科学设计复试内容，从程序和技术两方面严格考生资格审查，将随机与公开结合，严格复试过程管理，以"长牙齿"的追责严肃考风考纪，强化人性化关怀和个性化安排，对于不具备远程复试条件的考生进行技术兜底保障。

高校和考生都要及时应变，抓住这个变的机遇发展好自己。

新高考要在遵从规律的前提下深化改革

浙江省人民政府发布《关于进一步做好高考综合改革试点工作的通知》，目的在于更好地处理科学选才与公平选才、理想目标与现实条件、科学性和可行性、教育规律和考试规律之间的关系，在遵从规律的前提下寻求深化改革的现实路径。

这是浙江省试点高考综合改革后第二次调整方案。2014年，浙江省进行高考综合改革试点，中规中矩地依据《国家中长期教育改革和发展规划纲要（2010—2020年）》和《国务院关于深化考试招生制度改革的实施意见》进行了先行先试，在扩大学生选择权等各方面做出比较彻底的探索，在完成了一届高中毕业生的高校招生考试和录取工作后，于2018年对原有的实施方案曾做出过调整。

这次调整基于试点过程中遇到的新情况，根据对过去五年试点的评估，在调研的基础上对可能影响教育公平、加重学生学业负担、干扰正常教育教学秩序的环节依据"大稳定小调整"的原则进行深化改革。

主要调整的内容有：高中学考按年级定时定科统一安排，同一年级统一科目统一时间开考；外语和选考科目成绩从两年有效改为当年有效；选考科目等级赋分的分差由3分改为1分；录取分段由三段改为两段；语文、数学科目和外语使用全国统一命题试卷；职业技能操作考试作为合格性考试，由省统一标准、市县组织实施。

看到这些调整，不禁想起之前浙江省相关人员就高考综合改革方案调整征求我的意见时我所说的话：相对于世界各国的高考招生，中国的高考是比较复杂的，应向更简单易行的方向进行调整；高考就是一次测试，中国高考被赋予的功能太多，应向降低考分权重，更少影响正常教学的方向进行调整；现有的高考组织者权力过于集中，应向建立机制，扩大师生的直接自主参与度，减少对师生和学校的控制的方向进行调整。

这次浙江省的高考综合改革调整方案虽然与我前次的意见不完全一致，却在同一方向上有较大的重叠，将学考定时定科、外语与选考科目成绩当年有效都可减轻学生压力，减少对正常教学的影响；缩小等积分差，既降低了考分权重，能减轻学生压力，也有利于公平；录取分段由三段改为两段则扩大了学生报考和高校录取的选择范围。不同人对教育与考试规律的认识最终必然逼近一致，这是我的意见与浙江省的这次方案调整有较多重叠的原因。

考试招生制度改革是长期制约教育改进的关键，浙江又是新高考的试点省份，浙江方案的调整自然会对其他省（市、自治区）推进新高考发生特殊的影响。这种影响主要在两方面：一是减少政策制定中的主观性，尽可能尊重专业，尊重规律；二是高考综合改革并没有进入完成时，没有一成不变的方案，仍处在进行时，仍需要继续深化改革。《国家中长期教育改革和发展规划纲要（2010—2020年）》所设定的主要目标"克服一考定终身的弊端，推进素质教育实施和创新人才培养"并未完全实现。

据调查，考试招生制度改革有成效，但公众的满意度不高，在获得七成人支持、赞同、肯定、满意的同时，约有三成的人不赞同、不满意。因为考试招生改革追求促进人的健全发展、科学选拔人才、促进教育公平基本价值是全民的期待，与每个人对幸福生活的追求和切身感受直接相关。越来越多的人期望通过改革来改变只看考试分数的单一评价标准，减轻学生过重的课业负担，把孩子从过于被动的状态下解放出来，有更多的时间和空间自主学习。

一项改革越得民心就越易于推进，就越没有风险。当下考生和家长觉得考试招生还是过于复杂，难于理解，难以操作，不便选择，改革系统性和协同性有待加强，众多考生与家长关切的问题未能得到有效回应。怎么让考试更少一点，学生压力更小一点，多样性更多一点，学生参与教育评价更便捷一点，成为教育工作者和家长的期待。

考试招生制度改革继续向前推进的关键在于：第一，思想要进一步解放，吸纳现代教育评价理念，组建专业团队并更加重视发挥其作用。第二，切实推动行政管理体制改革，以管理体制改革推进招生体制改革，明确考试东家，更加有效实现考试改革。落实管办评分离，发展第三方教育评价，将信度高的评价结果作为高校录取的参考依据，以实现多元评价，多元录取。第三，顺应整个社会法治建设进程，立《考试法》，积极推进依法治考、治招，建立公开、透明、可监督的程序，放弃使用过度集中的评价权力、过度单一的评价标准。

进一步推进考试招生改革需要在全国统一方案的基础上给各省（市、自治区）根据实际灵活处置考试招生遇到的问题的权力。同时积极推进完整实现《国家中长期教育改革和发展规划纲要（2010—2020年）》确定的考试招生改革架构，落实其主要改革内容"探索招生与考试相对分离"，将招生权返还给高校，以确保改革的完整性、可操作性、稳定性，提高高校参与改革的积极性。

高考综合改革在一些地方确实遇到了难题，必须坚持改革不动摇，浙江的方案调整表明，优化方案才能进一步深化改革。

改进高考招生让更多残疾人飞得更高

2020年7月29日，媒体报道了安徽芜湖19岁的残疾考生姚俊鹏克服常人难以想象的困难，高考考出好成绩的事迹。这事引发对残疾人参加高考遇到的一些问题的思考。

2003年，招生部门修改了高考考生体检标准，残疾人进入大学深造的机会逐年增多。2015年确立实行单考单招的残障人高考机制，残疾人参加高考的物理和政策障碍已基本扫除。2017年为贯彻落实新修订的《残疾人教育条例》，更好地为残疾人平等参加普通高等学校招生全国统一考试提供支持条件和合理便利，对2015年发布的《残疾人参加普通高等学校招生全国统一考试管理规定（暂行）》进行了修订，印发《残疾人参加普通高等学校招生全国统一考试管理规定》（以下简称《规定》），这一《规定》在多方面进行了完善，但实践证明依然有需要进一步改进完善之处。

2017年的《规定》可简括为"单考单招早录"，对残疾考生照护是明显的，这样做遇到的问题是：在特殊教育教学走过以融入为目的"随班就读"后，在考试和招录环节却又被分开了；分开之后残疾考生在受到呵护的同时，他们所能进入的学校和专业客观上存在局限。这就存在高等教育资源错位配置和残疾学生利益受损的问题。

为此，有必要以全纳理念和思维进一步改进现有残疾人参加高考招录的方式，比较合理的方式是走向"统考单招统录"。

调查显示，"单考"已无存在必要且弊端凸显。普通高考的合理便利性足以满足一般残疾人参考，"单考"实践中暴露出的问题包括通过高考"指挥棒"效应阻碍残疾人教育事业的发展，给招生院校、残障学生家庭带来不必要的经济负担和资源消耗，还存在操作不规范之处和权力寻租空间。"统考"的好处是残障考生参加普通高考，其成绩既可作为普通高校的录取依据，也可作为高等特教院校的录取依据，招考部门可视情况依法为残疾人考试提供合理便利。

"单招"的合理性在于，高校招生过程中保留当前高等特教院校特定专业为视力和听力障碍学生预留的招生计划。保留"单招"，为残疾人在高等教育系统中预留的招生计划名额仍然必要且合理，这是扭转历史原因造成残疾人在教育系统中处于实质不平等地位的有效手段。

"早录"的录取规则会将招生院校、残障学生、培养残障学生的基础教育阶段学校等利益相关方引入利益纠葛与冲突，最终损害其中最弱势的残障学生的利益，加大教育不公，阻碍前期改革红利的释放，制约残疾人教育事业发展。"统录"就是将高等特教院校为残障学生预留的招生计划纳入统考后的录取流程，提档时间不早于同批次普通高校，普通高校不得拒录符合录取条件的残障考生。

实行"统考单招统录"，不仅整个制度更加合理便利，拓宽残疾考生进入符合其自身优势的普通高校的渠道，也能有效保护政策各相关方的正当利益，利于在考试招生环节实现普通高校对残疾考生的全纳融合，稳步提高残疾人接受高等教育的机会，激励更多残障学生进入普通高校学习，有利于更有效保障残疾人权益，提升我国残疾人教育事业发展水平，推动教育公平和残疾人权益保障工作迈向新台阶。

残疾人接受高等教育，对于他们未来的职业规划、生活质量的提高都有很大的帮助。近些年，残疾考生升入大学的比例总体上有所提升，但大学生在残疾人中的比例还远远低于大学生在普通人之中的比例。随着基础教育阶段残疾人教育的普及与发展，目前残疾人中能够进入高等学校的仍是少数，升学比率显得过低，依据残疾人的能力与特种证的实际，拓宽残疾人进入普通高校的渠道，残疾考生的入学比例才可能有更大的提升，才可能让更多残疾人"飞得更高"。

高职扩招效果取决于需求

自 2019 年政府工作报告中提出要改革完善高职院校考试招生办法，鼓励更多应届高中毕业生和退役军人、下岗职工、农民工等群体报考，高职扩招 100 万，2019 年底已完成扩招 116 万余人。

2020 年 7 月初，教育部办公厅等六部门发布《关于做好 2020 年高职扩招专项工作的通知》（教职成厅〔2020〕2 号），旨在贯彻落实 2020 年政府工作报告关于"今明两年职业技能培训 3500 万人次以上，高职院校扩招 200 万人，要使更多劳动者长技能、好就业"的要求，全面深化职业教育改革，进一步稳定高职扩招规模，确保稳定有序、高质量完成 2020 年高职扩招专项工作，并将高职扩招定位为"中央抓'六保'、促'六稳'，立足经济社会发展大局作出的重大决策部署"，"要按照教育部有关工作要求，做好招生、培养、就业各个环节工作"。

2020 年，受新冠疫情的影响，包括中国在内的世界经济受到严重冲击，民生问题更加突出，就业遇到历史上少有的困难。这场危机的深浅、个人利益受损的轻重、生活受影响的程度大小，在很大程度上取决于所采取的对策是否科学、理性、适恰，资源的投放与使用是否恰当，措施是否精准有效。

在这种困难的情况下，每个个体都需要依据自身的实际做出选择，但在如此大的灾难面前，个体的力量太微弱，个体所能获得的信息太有限，决策时受情绪影响较大。此时，政府更应该依据自身信息比一般个人更完整充分的条件，在公共政策的决策上采取更为精准、合理的措施，做出更加科学、理性的决策，整体、全面地解决问题，形成更为强大的抗击灾难的能力。

一、高职发展中仍存变数

连续两年的扩招,显现的是政府、政府下属的高职院校从供给端所做的工作,由于扩招后的学生尚未进入就业环节,社会需求的情况怎么样尚不明朗。从此前五年的高校毕业生就业情况看,高职毕业生就业率高于本专科毕业生,就业质量(稳定性、工资收入等)低于本专科生。由于高职生源更多来源于农村、偏远山区,高职学生就读和毕业对于扶贫所发挥的效益大于本专科学生。

如果按照以上情况外推,高职扩招发挥的社会效益首先是扶贫。这种效益发挥的具体过程是:贫困学生家庭资源与信息有限,能上中职享受政府津贴就感到十分满意,在他们所能接触的信息及相关条件范围内,上高职是现实中与自己最切近的进入更好生活的路径。这些通常是不适合城市以及乡村学业成绩或家庭条件较好的学生的。对于选择高职的学生,一旦有一种因素改变,比如获得更多的信息、有另一种可利用资源、发现另一种更有效的路径,他们就可能改变想法,高职对于扶贫的效益就很难在发生改变的学生身上发挥。

2020年全国高考报考人数总数是1071万人,比2019年报名人数增加40万,大部分省份的报考人数呈上升的趋势,其中有高中普及率提升的因素,也有中职生报名参加高考人数增加的因素。根据2010年以来历年全国高考平均录取率逐年上升的趋势外推,高职扩招生源的上边界会进一步下移,下边界会进一步向下拓展,生源上下边界变化本身也使需求关系与状况在发生变化。在这种情况下,高职扩招显然引发供给强势提升,需求更加疲软,扩招后的效果更加取决于需求。

高职扩招产生效益的前提,依然是在当下尚不明朗的就业需求。从新古典经济学的观点看,人们在做决策时,会基于自身利益寻求最大化的效用,这对于高职院校及相关的行政部门而言,就能很好地解释扩招的诉求。对于考生而言,每年有不少中职毕业生想方设法挤入高考,进入一般本专科院校,事实上就是力图回避甚至力求抛弃自己通过中职直升通道对高职的需求,这也是一个基本事实。对于用人机构而言,追求学历的倾向依然存在,能招到本科生就不用高职生的现象依然存在。这样的复杂情况决定着高职在未来的变局及发展中依然存在诸多未知数。

二、高职扩招更应考虑需求方

在2019年对高职院校扩招的调查中，不少学校都反映了一种情况：学校对上级的要求当然要执行，对于有专项经费配套的扩招指标也欢迎，但在招收退役军人、下岗职工、农民工的时候，出现工学矛盾。不少人愿意报名，希望获得资助，却难以按学校的要求上课，如果来上课，就要丢掉打工的机会和收入，就连自己当下急需的微薄收入都难以保住，更无法预期就读后的未来有多大的收益。对于拖家带口的成年人，求学与饭碗之间哪个更重要、更必不可少是显而易见的，于是出现了一些报过名进入扩招名册却未能到校上课的人。深入考察这种情况，仍属于学员的需求与自身效用最大化和高职院校、政府部门的需求与自身效用之间难以耦合的问题。根子仍然在需求。

也就是说，高职扩招仍然存在对需求了解不完全、不充分、不细致的问题。高职扩招无疑是在为退役军人、下岗失业人员、农民工考虑，但在积极动员他们进入高职的时候，是否了解进入高职对不同对象属于需求的什么层级与位次？同样，用人机构对于高职毕业生的需求处在什么层级和位次，也是决策中必须了解的基础信息。对高职扩招中不同主体的需求层级、满足次序未能充分考虑，将直接影响着高职扩招的效果。管理部门在决策的整体有效性、稀缺性资源配置的适恰性、方案设计的多主体参与方面尚有改进空间。

无论上级部门如何要求"各地要综合考虑生源情况、办学条件、经济支撑等因素，按照向优质高职院校倾斜，向区域经济建设急需、社会民生领域紧缺和就业率高的专业倾斜，向贫困地区特别是连片特困地区倾斜的原则，合理确定分学校招生计划，并指导学校做好分专业招生计划安排"，这依然是在供给方的调整与改变，依然属于一种计划，没有市场的另一方参与就难以确定它的成效如何。市场可能失灵，没有需求方参与的计划，比市场可能导致的失灵风险更大。

简而言之，政府在疫情面前改善民生有决策优势，但需要充分发挥各相关主体共建共治的机制，才能获得良好效益。仅仅站在供给方做好高职扩招各个环节的工作，仅仅以计划的方式规划一切，仅仅从行政视角实施管理，都难免带有主观性，都难以有效实现政策目标。

做好高职扩招工作，提高工作成效的关键在于看到需求的重要性，尊重需求主体自主选择，更加全面、深入地了解需求，与各方需求主体建立良性共建共治机制，形成供需双方协同，在此基础上科学编制培养方案，提高可持续性，才能成为既有利于缓解当前就业压力，也解决高技能人才短缺的战略之举。

教育公正需要持续不断地维护

进一步推进考试招生的公平公正，还必须更加重视和强化公众参与。

新冠疫情给 2020 年的高考添加了不少变数。高考到来前一段时间，媒体披露了多起多年前发生在山东、山西的高考考生被冒用或委托关系修改身份的事件，再次将社会公众关注目光聚焦到高考招生的公平公正问题上。这些年，一直有考试招生工作中的违纪事件曝光，这恰恰是在强化信息公开和社会监督的大背景下的结果。

由于高考招生几乎涉及每个人的发展权和切身利益，人们关切它的公平公正性理所当然，并且随着公众权利意识的提高，关注程度将继续提升。在这些事件发生的当时，人们也许相信招生是公平公正的，若干年后发现当事人出乎意料的操作，在新的权利意识水平上追求真相与维护权利就很自然，很正常，也很正当。

中国古代的选官用人制度，从察举发展到九品中正，再到科举，每次改变都是出于对原有方式方法所能体现公平公正性的不满而做出的改进。而每次新建立的方式方法又会遇到世俗权势的侵蚀，随着时间推移出现越来越多的漏洞。这一过程在人类历史上不断演变转换。所以，不存在一劳永逸的公平公正，教育公正也需要持续不断地维护。

一、改进管理体制，完善专业评价

恢复高考以后，从推荐上大学，到依据考试成绩上大学，无疑在公平公正方向上进到了一个很高的台阶，因为前者仅仅凭主观臆想，还显现为依托于权力就更有机会被推荐，后者需要有客观的考试成绩作为依据，减少了权力灰色运作的空间。但以考试分数为依据决定升学，就一定能维护公平公正吗？过去的事实说明并非如此。世俗权力主要通过加分和"按权择校"两个渠道扭曲公平公正。

"加分"政策在初始阶段同样是以维护公平公正的名义出现，但随着时间推移，在宏观上，它逐渐成为各政府部门扩大自身权力的象征；在微观上，则成为学生能否有条件"拼爹"的表现，以灰色的权力运作加分，以商业运作"戴帽"加分，加分比例过高、加分面过大的问题日益凸显，使得加分成为损害公平公正的手段。加分的必要性、什么人可以加分、如何加分，以及如何保证公开公正，就成为公众关注的焦点。

2014年12月，教育部、国家民委、公安部、国家体育总局、中国科学技术协会五部门联合发出《关于进一步减少和规范高考加分项目和分值的意见》。之后的2015年，各省（市、自治区）相继采取措施，贯彻落实该文件，取消了"省级优秀学生""思想政治品德突出事迹者""奥赛获奖者""科技竞赛获奖者""重大体育比赛获奖者""二级运动员统测合格者"6项全国性鼓励类加分项目，依法依规保留和完善了"烈士子女""少数民族""归侨、华侨子女"等5项全国性扶持类加分项目，降低了加分分值。地方性加分项目由2014年的95项减少到2018年的35项，辽宁、吉林、黑龙江、江苏、江西、广东等13个省份取消了所有地方性加分项目。同时对保留的加分考生进行严格的资格审核、信息公示，完善了举报和申诉受理，严肃处理了一批造假、违规的当事人，健全了追责机制，规范了管理。

减少和规范加分，对维护教育公平，促进科学选才，维护国家教育的考试良好形象，都发挥了重要作用，减少了灰色权力运作的空间，成为这一轮高考招生制度改革各项措施中落实得最彻底到位的一项举措，获得了社会普遍好评。

择校原本是家长应有的基本权利，但是在学校之间资源不均衡的情况下，所有人都希望自己或自己的孩子进更好的学校，于是，幼儿园、小学、初中、高中都成了择校比拼的关口。显然，两个先天遗传条件相同的孩子，若在各个学段就读的学校质量差距明显，在高考时的考分就会有较大差距，从而在过程上构成不公平。

而在各个环节的择校中，除了依据学生的考试分数，还有学区房之类按钱的多少择校，还有"批条子"等多种形式的按家庭成员的权力大小择校。家庭成员有权选择学校的孩子，与那些家庭成员中无人掌权从而可以选择学校的孩子，在考分面前还是不平等的。这个方面引发有关公平公正的诸多问题，解决起来远比规范与减少考试加分复杂，至今还很难说取得了什么成效。

于是，大家对考试招生公开、公正、透明的关注度更高，有人提出应该完全公开"命题教师名单"，认为"赋分制让非专业人员看不懂""官方表达语言不清晰、不简洁，获取准确、有效信息的成本太高""普通民众不太了解"等。这就涉及另一层问题：公开确实是最有效的防腐剂，更多的公开透明能有效减少腐败，但该命题主要适用于监督行政权力运行，公开解决不了专业判定范围内的公平问题。在艺术类招考中这种情况更常见，让一个对某个专业领域完全外行的人，通过公开的方式去监督一个专业人员对考生做出评定，事实上就等同于又回到无客观标准的状态。

解决专业层级的公平公正问题，需要实现2010年由《国家中长期教育改革和发展规划纲要（2010—2020年）》明确提出，2013年由《中共中央关于全面深化改革若干重大问题的决定》重申的改革要求，即："推进考试招生制度改革，探索招生和考试相对分离、学生考试多次选择、学校依法自主招生、专业机构组织实施、政府宏观管理、社会参与监督的运行机制，从根本上解决一考定终身的弊端。"

但由于2014年发布的《国务院关于深化考试招生制度改革的实施意见》删去了"招生与考试相对分离"的意见，因而，高考招生方面的改革未能按《国家中长期教育改革和发展规划纲要（2010—2020年）》的部署完整实施，失去了完整性、可操作性、稳定性，高校在改革中也未能获得更大的招生自主权。这样一来，通过专业的方式实现更为实质性的教育公平公正的台阶未能迈上去。

简言之，切实推动行政管理体制改革，以管理体制改革推进招生体制改革，落实管办评分离，建立第三方专业评价，引入第三方监督，才能切实保障教育公平公正建立在专业基础之上。

必须更加重视发挥专业团队的作用，才能由形式公平公正迈入实质公平公正。

二、推进法治

当然，维护包括高考在内的教育公平公正并不只有改进管理体制、完善专业评价一途，推进法治是另一个关键方面。

山东等地的冒名顶替事件处理结果公布后，网上的评论一致认为处罚太轻了，起不到以儆效尤的效果。因为相关事件中的招生办人员、中学领导、派出所人员、大学教务人员等参与冒名顶替过程中的公职人员，明知道学生身份是伪造的还利用手中的公权参与作假，性质比较恶劣，仅以违纪而不以违法论处，处罚力度确实不够，违法成本太低。

因为依据现行《刑法》，完全可以对冒名顶替者以"伪造身份证件罪"进行追责、定罪，对其共犯可以依法判处 7 年的最高刑期；在冒名顶替过程中，伪造户口迁移证或其他国家公文或证件的，还涉嫌构成"伪造国家机关公文和证件罪"。如：2009 年 10 月，就被告人、湖南隆回县公安局原政委王峥嵘为其女儿能上二本，而冒用其女儿同班同学罗彩霞的高考信息成功就读贵州师范大学一案，湖南邵阳市北塔区人民法院以伪造国家机关证件罪，一审判处王峥嵘有期徒刑 2 年，与其因受贿罪所判处的有期徒刑 3 年数罪并罚，决定对其执行有期徒刑 4 年。

在高考冒名顶替案件中，还可以追究涉事人的行贿罪、受贿罪、滥用职权罪，追究其侵犯受教育权、侵犯姓名权等民事责任，依法惩治的法律适用空间是很大的。

显然，对已经发生的考试招生违法案件，现在并不完全是无法可依，主要问题是执法不严，存在对公职人员与非公职人员使用双重标准现象。

在推进整个社会法治建设进程中，应积极推进依法治考、治招，公正才能彰显。

三、必须强化公众参与

随着中小学全国统一学籍系统的建成，新一代身份证添加指纹信息，虹膜识别等新技术得到运用，冒名顶替上学的技术难度更大，教育领域出现了新形式的以权谋私，比如在贫困地区定向招生等国家计划实施中，依然存在各种暗箱操作。

大量事实说明，几乎所有涉及考试招生的案件都必定有公权力参与，谋取不正当利益，但对公权力的同体监督效能难以提高。建立对公权的异体监督机制，让行政权力在使用的每个环节都受到监督，不光是受到上级监督，还受到家长和考生的监督，这一点非常重要。公权力完全处于监督之下，违法者就寸步难行。

2020年7月2日，教育部发布的一则工作动态称，将加大对违规招生的监督检查力度，坚持发现一起、查处一起、零容忍，将认真开展新生入学复查，对弄虚作假、考试舞弊，骗取加分资格或企图冒名顶替的新生，坚决取消其入学资格并严肃处理。

进一步推进考试招生的公平公正，还必须更加重视和强化公众参与。公众持续参与到对相关事件的围观中，并积极维护自身权利，是维护教育及整个社会公平公正必不可少的一环。公众对考试招生制度在公开、公正、透明方面持续保持更高的期待、关注和更多的参与、行动，就能获得更高程度的公平公正。

高考改革关键仍在于招考分离

开弓没有回头箭,高考改革正在往前走,启动改革本身是个进步,其过程也是不可逆的,但当前的高考改革遇到一些难以解决的障碍。

一、改革不能只是修修补补

事实上,高考改革从 2004 年就开始研究了,十七大和十八大曾指出:"推进考试招生制度改革,探索招生和考试相对分离、学生考试多次选择、学校依法自主招生、专业机构组织实施、政府宏观管理、社会参与监督的运行机制,从根本上解决一考定终身的弊端。"

后又经过反复研磨,直到 2014 年正式出台《国务院关于深化考试招生制度改革的实施意见》,遗憾的是,该文件去掉了"招生和考试相对分离"的表述。

改革进程与公众的期待尚有距离,主要表现为不够专业、不够完整、不具有稳定性、不具有足够的操作性。

2014 年,浙江、上海开始改革试点。相较于此前的"旧高考",分数对于升学的效价降低了,原来全凭分数说了算,但"新高考"不仅仅是看分数,还看综合素质评价等因素。

"新高考"强调促进学生的全面健康发展,强调综合素质、综合评价,包括增加学生的选择、高校的选择,给学生多次考试的机会。总体而言,改革的大方向是正确的。

但在改革中也不难发现,不涉及体制机制变革,修修补补式的措施难以稳定，各方力量的冲击也使除了合并录取批次之外的做法站不住脚。

有一次，我到浙江一所学校调研，问学生选课怎么选。校长说，依据学生前面考试的成绩，哪一门考得高就选哪一门。这样做肯定是有悖改革初衷的。

在"新高考"中，强调"两依据一参考"，但"两依据"就好比两个车轮，一软（高中学业水平考试成绩）一硬（统一高考成绩），伸缩性不一样，前行一段必然翻车；强调要参考的"综合素质评价"，其评价主体以及评价结果的使用主体都是不明确的。

现有的考试和招生部门都不可能成为这两个主体，最终必然回到"一依据，不参考"上；而各门课考试分数不等值也会使学生被迫功利地弃考一些没有那么吃香的科目。

若要真正推进高考招生制度改革，就必须尽快实现招考分离，这也符合多年来各界对高考招生制度研究所形成的共识。

二、以学生为本的改革逻辑

实现招考分离必须推进体制改革，改变政府既做考试主体，又做招生主体，还是办学主体的现状。让高校成为招生的真实主体，不同高校依据自身需求和对各种评价结果的判断选择招生的依据，既可包括高考成绩，也可采信信度和效度受到行业认可和社会公认的第三方教育评价机构的评价结果。

成为招生的真实主体后，每所学校再通过招生章程明确招生要求，不同高校的不同要求形成多元标准，能与每年数以千万计学生的多样天性相对应，最终实现依据以人为本原则进行评价的目标，解决当下因标准单一而致使学生学业负担加重的问题。

成为招生的真实主体的高校必须建立专业的招生团队。由专业的招生团队而非主要由行政人员组成的招生办履行招生职责，依据专业规程，在同行、媒体、招考当事人以及行政主管部门的多方监督下公开透明地招生，这样才能切实地在保障公平的前提下，让专业的招生走得更远，让学生的自主选择有可信的发挥空间，让高校招到自己想招的学生。

反过来说，不同高校所要求的综合素质有所不同，考生便可根据自身优势和潜能错峰竞争，更早选择适合自身的教育。

从长远看，高考招生制度改革不落实招考分离，考生、家长、教师、招考人员与政府主管部门就只能在主体不明晰和规则刚性不足的情况下博弈，既感到身心疲惫，又要付出较高的成本，最终还得不到想要的结果。

需要明确的是，招考分离只是现阶段的改革目标，而不是最终目标。长期而言，高考改革背后的基本逻辑是建立以学生为本的人本、专业、透明、公正的高考招生制度。

举个例子，美国哈佛大学招生，对一个学生的评价一般有三个层级：第一看学业成绩，考试分数是学业成绩的一种表达方式，是基础，但不是学业成绩越好，考的学校就越好，学业成绩在美国不同大学里的权重是不一样的，越是好大学比重越低，哈佛大学一般是占25%～40%；第二看社会活动；第三看个人特质，这也是非常重要的一点。

可见，无论是考试还是招生，都要服务于学生的成长和发展，任何良性机制的建立都是为了确保学生的选择权和扩大高校招生录取的自主权，最终让考生、家长等各方面都有真切的获得感。

PART 9

第九辑

实现大学内涵发展

高校内涵发展是必然的选择

高等教育内涵发展是中国高等教育当下所处的发展阶段和社会各方对它所提出的要求决定的。

首先从现有的中国高校发展情况来分析，2010年《国家中长期教育改革和发展规划纲要（2010—2020年）》公布以后，高等教育发展基本的方式还是一种外延式扩张，主要表现为数量的增长和规模的扩大。从数量上来说，《国家中长期教育改革和发展规划纲要（2010—2020年）》确定了到2020年高等教育毛入学率达到40%，但是这个目标提前四年已超过，在2016年高等教育的毛入学率已经达到42.7%。大学规模上也有很大程度的扩张。尽管2010年以后，我们把高等教育规模快速增长的势头压下来了，但是从2010至2017年底，各高校增加的数量还是不少，而且增加的主要是一些原来的专科和专业学院，把它们提升上来了。这种增长是一种典型的外延扩张。

再从研究生教育来说，仅在2017年一年间，就增加了博士授权点656个，硕士授权点2000个，且这些学位点并不主要设立在北大、清华等高等学府，而是主要设立在地方院校，其增长的数量和速度都是惊人的。依照这样发展下去，是否可持续，就是接下来所面临的问题了。在对一些高校进行调查时发现，在高校外延扩张的同时，高校内部实际上存在许多问题，典型的问题就是：很多高校设置的一些专业无人报考；有一些专业发了录取通知书，学生不到学校报到；还有一些学生进了学校以后，对所上的学校并不满意。我们可以把这种现象称为"三不"现象。这种现象在地方院校很普遍。

高等教育质量上和内涵发展上的主要问题可以从这样几个方面来说：第

一个方面是总体办学质量的基准底线太低。在很多地方,高中阶段只要上完了,基本上都能升学,且高考的升学率达到80%以上。这样一来,生源入口比较低,学校对学生的学业要求也比较低。很多学生基本在大学没学到些什么,学校也只是按时间给学生一个毕业证书,淘汰率太低,基本上没有淘汰的。第二个方面就是学生人文素养真不高。据调查,很多的大学生毕业出来,对社会基本常识的掌握情况与一些小学生差不多。一些微信群里教师发的内容,基本上缺少判断能力。第三个方面就是学习方式功利、浮躁。上大学应该是自主地探索知识和求知,或者是根据自己的兴趣爱好对某一个专业进行研究,但是现在很多大学生看这个课计学分就去上,凑足学分,然后就毕业了,或者是这个课要求上就去上了。尤其是一些地方院校,学生还没有到毕业的时间,就要去考研究生、找工作,许多学校就沦为考研的复习班,过于功利了。高校沦为考研的复习班会使这一个学段的大学的功能和目标不能很好地实现。

再一个问题是中西部高校与中心城市大学的差距,这些年实际上是在拉大的,也就导致这些中西部高校难以实现内涵发展。最为突出的问题还是大学没有培养出杰出的拔尖的人才。总体上来说,拿到毕业证书的学生很多,但相应的毕业生质量还是比较差。拿到博士、硕士学位的人也较多,目前,中国已经是世界上每年授予博士学位数量最多的国家,但是很多博士在知识的创造上的呈现与世界其他国家的差别还是明显的。所以在这种情况下,我们很多孩子高中阶段就积极地想办法到国外去留学。这样一来,事实上,他们在用脚投票,并不选择中国的高校,这是一个严峻的挑战。所以在这种情况下,中国的高校必须走内涵发展的路子。如果中国的高校再不重视自己的质量,再不提高自己的内涵,未来被淘汰也就是不可避免的了。

那么,如何实现内涵发展呢?

实际上,"十三五"规划制定时就强调以提高发展质量和效益为中心,十九大报告中也提到要大力提升发展质量和效益,并强调从教育角度办人民满意的教育,满足人民对美好生活的需求。事实上,高等教育就是美好生活的一个重要的组成部分,本身也是美好生活的内容,同时高等教育与学生就业相关。就业是民生之本,如果高校办得不好,那么学生的就业遇到的问题就很多。

怎样实现内涵发展，这一点有很多人讲过，我认为最关键的一点就是遵循专业的规则。对于遵守专业的规则上高等教育遇到的诸多问题，事实上是因为高校长期以来把大学当成行政机构来看，或者当成一个企业来办，而没有把大学当成一个专业的组织来建设。

对历史进行一个比较可以发现，中国高等教育，如果是从1949年以后做比较，相对来讲1956年之前是一个质量比较好的时间段，再就是1980到1985年期间是质量比较好的时间段。当然其间有诸多原因，但生源和教师是最为主要的原因。1957年"反右"之前，虽然高校有院系调整，但是当时还有一些优秀的教师，把原来的一些东西传承下来，所以那段时间质量还是蛮好的。但是很多优秀教师被打成"右派"以后，很多学校就很难优秀下去了，少了专业的传承。所以我觉得高校内涵发展最关键的因素就是专业传承。

另外，实质性地推动现代大学制度建设也很关键，要依据章程来治理，依着章程来实施。但是现在很多学校的章程只是挂在墙上的一个文本，并没有真正去实施。个人认为，一些地方院校，可能受到的干扰小一些，有很大的自主空间来落实好章程。落实章程是建好大学，实现大学内涵发展的最为持久和最为关键的一点，也是最为有效的一个措施。所以我觉得，应尽可能把这项工作做好。

要实现高校内涵发展，还需要实现更大的开放。大学，就是要开放，封闭起来不可能成为大学。开放起来，向人家做得好的地方学习，人家做得好的地方很多，但是我们很多学校没有学会、学好，要重视学者与学者之间的交流和互联网上可以使用的资源。我觉得这是很重要的一点。

新工科在于培养"未成人"

随着世界范围内新一轮科技革命与产业革命的到来,互联网与人工智能的发展,新一代信息技术产业对人才的需求迅速增长,新工科成为高等教育发展新的增长点。国内外众多前沿高校正瞄准这一方向进行规划和专业设置,在这个过程中也出现一些主观、盲目、跟风赶潮现象。如何精准、有效发展新工科,需要理性、周密考虑。

第一,要明确新工科的真正驱动是什么。

新工科的直接驱动是产业需求,而目前国内有些高校提出来发展新工科的实际驱动是行政指令、项目经费,甚至是主观想象。与新工科同时提出的有新农科、新文科,如果说新工科指向 IT 产业和 AI 发展的具体需求,那么新农科指向什么具体需求,新文科有什么驱动呢?这些词同时提看起来整齐,它们有什么对应的具体内涵必须明确。这不光是涉及它们的动力是什么,还决定着会使它们发展成什么样。如果驱动问题没有搞清楚,在发展过程中有些环节就会出问题,驱动到底是产业还是人的主观臆测,到底是客观的还是主观的,是关系到接下来新工科怎样发展的一个很关键的问题,每个准备发展新工科的学校首先要把这个问题搞清楚。把自己发展新工科的驱动放在客观需求上才有可持续的动力,才能确保未来的发展不蹈空,不半途而废。

第二,新工科到底是培养工程师更重要还是培养人更重要,这是新工科发展的最为重要的关键点。

做了几十年教育调查和研究后我发现,人与人之间的差别远远大于学校和学校之间的、专业和专业之间的差别。这个差别包括横向的差别,包括一个学文科的人和一个学理科的人，也包括在这个领域里面的前与后、深与浅。人与人之间的差别要大于世界上最好的大学和最差的大学的差别，所以从这个角度来说培养什么样的人，把这个人能够培养到什么程度，远远比发展某一个专业、某一个方向或者是某一个专业的一种新的形态更重要。在这方面苏式高等教育更在乎把一个人培养成专业要求明确的工程师，中国高校中的"专业"就是1950年学苏联学来的；欧美高等教育更注重将人培养成在未来发展中具有多种可能性的人，他们较多采用规范的学分制和选课制，把选择权交给学生，面对新技术革命哪一种方式更能够应对未来挑战就要选择哪一种方式。

大学整体考虑一个人的培养的时候，应该把更多的着力点放在什么位置呢？按照中国传统来说，一千多年来形成的"士志于道，明道济世"模式将重点放在"志"上，有此志尚未有此知还有可能在未来探索中获取，有此知却无此志就没有未来新的发展可能性。新工科需要紧盯知识技能发展的前沿，但仅止于此远远不够，因为这个前沿是不断向前推进的，甚至可以说瞬息万变，而且在知识与技能形态上是不断发生变化的，明显应该把重点放在培养有此志与有此能的人上。

实际上，相对于理科主要在"士志于道"领域发力，工科主要是在"明道济世"这个理念上做得更多一点，更好一点，知道一个原理去解决一个乃至一系列问题。所以从这个角度来说，在整体规划新工科的时候，要在整个流程上进行平衡，系统地考虑在哪个方面更好地去发力，将什么作为大学工作的重心对于培养人更好，而不仅仅考虑形而下的层面的专业设置、评价、考核等问题。

在专业领域，这个人一旦培养程序结束了，他的专业知识与方向是可以转换的，但是这个人本身的道德、境界、志向是不会或较难发生变化的。赵忠尧在大学最初并不是学原子物理，后来到美国去观察首颗原子弹的爆炸就把全部精力投入到这个方面去，他是个典型例子，可以把他作为发展新工科的人才培养方式选择的一个典型例子。他的成就是因为内心里有一种东西支持着他能够百折不挠坚持下来，向着原子、加速器这方面去探索发展。其他的例子包括叶企孙、比尔·盖茨等这些有杰出表现的人，他们大学阶段根本就没有学后来有成就的那个领域的东西，但因为他们内在有一种基本条件，遇到新的需求、新的技术、新的发展以后很快就能跟上去，就发展起来了。让学生具有这种基本条件是新工科教育所需要重点锁定的目标。

但是现在不少高校讲新工科，名词概念很多，项目方案显得十分庞大，面面俱到，对学生层层挑选，看起来很"科学"，所要解决的很多问题完全不明确，对人成长的规律和特征考虑不够，显然带有以工程思维设计人才培养方案的印迹。我做过长期研究后认为：教育的最高境界是培养未来世界未知环境中的未成人。新工科不能死盯着当下对学生的考核效果，更需要用"未成人"的理念才能获得长期良好的效果。什么意思呢？新工科培养的人有哪些具体要求现在还不完全知道，但不能说学校不知道就完全交给学生去做。实际上新工科要培养的人需要在未来解决哪些问题现在也不完全知道，但是你要让他具备适应未来，在未知环境中去自主生成的一些动力、条件、品质、能力等要素，这远远比你现在用已知的标准对他进行检验、考核更重要，因为你现在对他进行考核的都只是他现在具备的，是否能应对未来尚不确定。

从中国传统的角度看"志"是非常重要的。没有必要去对有志向的人提太多细节苛刻的要求，钱学森当年出国留学时微积分只考了40多分，但叶企孙还是从他的试卷中发现他的未来可能性，就让他在清华补习一年再派出留学，并引导他从交通工程转向航天领域，后来的事实证明叶企孙是对的。新工科的人才选拔与培养要具有叶企孙那种从"已"见"未"的能力。只要他有志向，现在没有可能做到的，他明天可以，后天可以。他具备了志向，就会不断去探索、解决问题，不断地去发现问题，不断去探求新的东西，去学习新的东西。所以新工科的重点还是要培养人去具备一些基本的要素，一些基本的能力，基本的志向之类的东西，而不是在校阶段就简单地看在某个技能上达到某个要求。某一知识或某个技能很快就能获得，也很快就失去作用。一个典型的例子就是，我们刚开始学习计算机的时候去学布尔代数，学得很难，后来基本不用。

第三，新工科的专业发展到底是满足什么需求？

先说发展新工科到底是要满足谁的需求。可以把需求分成两大类，一个是行政部门的要求，一个是市场的需求。事实上高校的工作现在主要满足政府和市场这两大类主体的需求，学校每年要评估，要考核，要验收。所以多数公办高校做的工作是为了满足怎样去通过验收，怎样去考核合格，怎样通过评估。当下，如果不做这些事，年度考核过不了关。但是这种管理、评价和考核有可能产生一个误导，因为新工科的新产业源头是快速变化的市场。尤其是在当今全球化市场体系中，其中一部分可能是通过政府购买实现的市场，但如果某一高校的新工科发展仅仅是为了满足政府需求而罔顾市场，就可能发生滞后、失真、隔膜等各种现象而无法走到最前沿，无法明确市场定位而被淘汰，回过头来看学校发展当中可能需要的不是这个东西。每年诺贝尔奖公布后，在海量的中文文献中搜索获奖者的名字几乎都是寥寥无几，就显示出这样的问题。

从这个角度看，新工科发展过程中更需要瞄准市场，可以接受政府的委托，但要将主要精力放在关注市场到底需求什么上。这个市场不只是中国的，而是全球的。很多学校没办法走出这个限制，也就难以办好新工科这类专业。因为很多学校都在某个地方，有些地方直接公开地提出学校为当地经济发展服务。要处理好这样的关系，新工科之类的前沿专业发展的最终目标一定是市场。在整个全球市场当中你能满足哪一个部分的需要？一定要明确这个供需链本身就是全球性的，不仅仅是为某一个区域的发展服务。当然，这样讲不排除你为当地服务，只有你的教育职能发展得更好了才能更有效地为当地服务，但如果是仅仅为当地经济发展服务，那就太狭隘了，与大学的特征不相符。尤其是工科、新工科一定要将自己嵌入全球产业链之中，才能有效实现为社会服务，进而实现为建立一个理想社会服务这一更高层级的目标。

第四，新工科本身的发展一定是以学习者为中心的。

发展新工科，主要是做好教育教学方式的转换，而不仅仅是专业形式和内容的转变。一些学校的方案里明确提到了"以学习者为中心"，但是整个方案或其中的某些部分又有一些内容跟这个基本原则是不一致的，反倒体现的是教师中心、学校中心、考核中心，甚至是项目中心。怎么去解决这个问题，为学习者服务？

新工科是一种新的形态，是整个人类教育发展到现在专业学习的新形态。过去人们讲这个人应该到学校去学习；未来不一定，未来的学习会有多种方式、多种途径，大学只是多种当中的一种。大学应该按学生的需求组织起来，至少是目前已经看到高端大学越来越向这个方向靠的基本趋势，再以学校为中心去发展大学肯定与这个发展趋势不相一致。再以苏联模式遗留下来的某一个专业作为中心的教学模式也是不符合未来发展趋势的。当某个人有某种志向，他想学某个专业的时候，怎么样更好地提供给他自主发展的机会，给他提供服务，这个是未来大学与专业发展要考虑的。所以从这个角度来说，新工科的设计与实施，关键不是学校对学生提出什么要求与条件，而是学生也可以对学校提出要求与条件，学校要满足学生的学习需求。如果学校单方面设定一个自己的体系，那学生怎么看呢？如果学生从自己的发展考虑根本就不想进这个门怎么办？所以要解决这样一个问题，实际上是一个系统工程，新工科是学校与有此志向的学生共构的，整个的思维方式、师生关系等各方面都不一样，学校需要有开放和应变之策。

如果是按照这种思维方式，新工科的专业设置，包括各种组织管理评价，应该怎么样考虑，从而真正为未来在新工科领域可能成为杰出人才的人提供一个平台？应该从组织形态的角度去思考这个问题，而不是单方面说我这个学校怎么样，提供多好的条件，然后你来上我这个学校。不再是这样一个逻辑。

在目前情况下，虽然不少大学已经制订出自己的新工科发展方案，是不是真的已经找到了合适有效的新工科建设方案？这个问题还需要继续追问。只有几十年或至少十年之后才能看清新工科方案是不是真正找到了。

新型大学建设的新"土"格

将建设于雄安新区的雄安大学备受关注,我们希望它办成一所符合大众期盼和理想的大学,这意味着雄安大学在国内外很难找到一所模板院校,它不能够完全照搬其他高校的建设方式。河北省委常委召开的会议上也明确,雄安大学将建设成为具有中国特色、世界一流的新型大学。

那么,究竟什么是新型大学呢?这个"新"字又该包含哪些内容呢?

关于什么样的大学才是新型大学,不同人有不同的理解。这里所指的"不同人",主要包括以下几种类型:第一类是已经在大学工作多年的人,他们对大学有定型的认识。第二类是没有在大学工作过,但是对大学教育有需求的人。第三类是既不在大学工作,又无大学教育需求的人。当下,因为建设雄安大学是一个政府行为,因此在一定程度上要观照到政府对于新型大学的理解和需求。

基于上述几种类型人群对于"新"的理解的不同,接下来雄安大学究竟该怎样建,可能面临不同的期盼和想法。但是在我看来,"新"不该是一个漫无边际、泛化的概念,也不是一个主观想象的概念,新型大学也不该是一座空中楼阁,它必须符合大学规律、规则,建立现代大学制度,同时满足社会发展对大学的新需求。因此,新型大学建设中应该更多地让在大学中生活工作,或者有在大学工作生活经历的人来参与构想、建设。

当下建立新型大学,除了上述需要注意的问题外,仍存在其他阻碍,主要包括以下几个。

第一是思想观念上的阻碍。如今,我们还缺少对学术规则、内涵、规律的尊重。很多人仅仅把大学当作工具,对学术本身内在的逻辑、自主性、必须遵循的规则等，视若无物。

第二个障碍在大学制度建设上。大学的制度建设更为复杂，不能简单依据行政制度设计大学制度，这样建立起来的很可能是一个新的行政机构，而不是一个能够真正履行职责、实现功能的新型大学。

第三个障碍，我认为主要是在学人身上，即大学中有多少人真正以学人的身份与人格对待大学、对待学校内部的教学研究和学校的运行机制。如果一所大学内的人不具备学人人格，还是以世俗规则，或者行政人员身份来建设、参与学校生活，那么我们就不可能建设一所真正的大学。

如果在上述三个方面没有相应的条件准备，我们就很难建成一所好大学。而要想破除这些障碍，须从三个层面入手。

首先，要真正确立整个社会对真理的探索、对人以及学人的尊重。做学术是一件严肃、认真的事，我们要确保学人的尊严和自主，让其自由、自主地去探究自然规律、探究真理，坚守他们觉得应该坚守的规则和准则，在此基础上来开展学术活动。

其次，在制度方面，我们需要真正建立起中国的现代大学制度。自2010年《国家中长期教育改革和发展规划纲要（2010—2020年）》颁布以来，我们在不断建设、完善中国的现代大学制度，各高校也建立了相应章程。但是，很多学校的章程只是贴在墙上的章程，没有真正落实、发挥实际效果，也没能取得我们期望的成果。所以，在这种背景下，如果没有现代大学制度的支撑，我们很难建立起真正的新型大学。

最后，建立起对"士"尊重的观念。自古以来，中国对学人的认知不到位，从"无农不稳，无工不富，无商不活，无兵不强"的谚语中就可以看出，其中并没有提"无士"会怎样。当一个社会没有做学问的人，或者学术元素过少的时候，社会将是什么样？中国社会发展到了新阶段，需要尊重"士"，需要"士"发挥更大的作用、承担更大的责任，而新型大学也需要建立在"士"的人格基础上。

因此，社会观念应尽快更新，进入新阶段，让更多的人尊重"士"，拥有学人的人格，这才有基础建立新型大学。

大学发展需解决好深层学理问题

中国大学发展已经从大众化进入普及化阶段，近20年来，中国高等教育快速发展的同时，受到急功近利潮流冲击，规模扩张较快，品质提升较为缓慢，原创性不足。在解决问题时，又较多地从微观、具体层面寻求解决办法，对大学发展的基本理论研究不重视，也不充分，或采取悬置理论的逃避策略，使一些深层次重大问题的解决缺乏必要的基础理论支撑。开阔视野，开放观念，探明大学发展的学理，才有可能既有理论深度，又能有效解决教育品质提升问题。

大学发展的学理包括大学发展的规律、原理、逻辑、原则以及大学各相关当事人的关系、定位与相互作用的基本理论。研究大学学理本身的理论性、复杂性、尖端性，使得该领域的研究自现代大学建立后就属于凤毛麟角。同时，由于学理的研究需要较长时间验证，在现有的大学评价体系中做学理研究的人明显处于不利地位，从而抑制了对于大学学理的研究。

当下，大学发展急需回应的主要学理问题包括以下几个方面。

大学相对于人的价值是什么？中国颁布的第一部《大学令》里就明确大学要"研究高深学问，培养高级人才"。这个界定显得狭窄，而当下，更极端的是一些人仅把大学当成学历和学位的发放者、项目和荣誉的生产机构，未能充分发挥大学对学生个性化成长发展所不可替代的赋能、价值引导、潜能激发、专业提升、社会资源拓展的作用；或者在大学中对项目的重视程度高于对人的培养，由此产生一系列问题。

大学与真理的关系是怎样的？世界不少大学的校训将"真理"作为其中的关键词，这便基于对大学与真理关系的理解。经历新文化运动后，教育界得出了为各门科学所能普遍认可的结论——"要科学，不要迷信；要民主，不要专制"，显现出对真理探索的追求。但是随着社会的发展，大学内外部环境的改变，能不能确保对真理抱有不断求索的赤诚之心，一直是所有大学每个时期都面临的挑战。

大学与权势的关系如何？大学自身的学术就是一种权力，大学之外还有多种权力存在。如何恰当处理大学与各种社会权力的关系是不可回避的现实问题。理想主义者倾向于大学独立于各种社会权势；功利主义者热衷于攀附各种社会权势；理性主义者则谨慎对待各方社会权力。不接触自然过于天真，关键在于大学秉持怎样的原则和标准与社会各方权力机构及其当事人交往。

大学与世俗社会的关系怎样？"象牙塔"曾是人们心中大学在世俗社会中的象征。在大学普及化后，大学事实上提供的是民生服务，大学教育需要不断深入生活，深化市场参与。在一个越来越扁平的社会中，大学需要适应与社会各主体平等交往，需要担当促进公平的责任，服务学生成长发展。但是，大学服务社会不同于一般机构与公司，需要立足于为人的成长发展服务。不同大学又需要找到符合自身条件和特点的定位，不能简单模仿，要评价自己对社会资源的使用能产生多大的增值。

大学建设和发展中遇到的难题，最终需要从学理上寻找依据加以解决。近些年，社会对大学的批评较多，大学发展受各种因素影响，产出增大的同时，形式化的学术倾向突出，简单重复增多，独创性贫乏，思想深度和实践效力不足，高质量原创成果太少。大学在回应社会批评、解决自己的具体问题时，不妨首先追问一下，这样做符合大学的本质吗？是否与大学的目的一致？是否能更有效地彰显大学的价值？

当然，对这些问题的回应不能简单地以是或否作答，也不存在对所有大学都适合的标准答案，需要各自依据自身条件和状况做深度学理研究。不少大学或借口自身缺乏教育学理研究人员与团队，或寄希望于借用别人在基础学理上的研究成果，或习惯于简单套用，忽视或贻误了对适合自身的学理研究，以致酿成大学发展经过很多年努力也难以弥补的决策失误。实地调查显示，发生过此类失误的大学为数甚多。

对大学发展学理的研究本身需要较高的理论素养。相较技术领域创新，基础学理原创更为艰难，需要对思想、原理、概念进行纯粹、科学、持续不懈的艰难探索，需要质疑和批判、哲学探索的勇气，以及进一步解放思想。同时，需要在理论意境、研究视域、核心问题等方面进行拓展，尤其需要消除阻拦正常学术思考的投射效应，消除漫长的单一阅读和思想禁锢中养成的不思想、不敢思想、不能思想的现象，改变以学术正统束缚教育学理发展与原创的僵持状态。

但大学发展学理研究又不是纯理论研究，而是需要结合大学具体的发展历史、现状、文化、体制、条件、机遇进行针对性研究。各校要有意识地培养对本校有深度了解、有责任担当、有特殊情感的学理研究学者，将其安排到合适的岗位，为本校的发展从学理上把脉问诊，在基本和重大问题上提出有针对性的大学发展见解。

思想家要靠思想土壤培育

2018年"基础学科拔尖学生培养计划"工作研讨会在京召开,据介绍,"拔尖计划"2.0版在定位上强化使命驱动,实现文理学科全覆盖。会议指出,"拔尖计划"从自然科学要拓展到人文社会科学,不仅要培养科学家,还要培养思想家。

看到这则新闻,我想起了自己的一段经历。上大学期间,辅导员的工作日记本上记录的学生违规记录中,有一条是有关我的记录:在开读书主题班会的时候,我提到了读书不能死读书,也不能读死书,而是应该多和实践结合起来,多了解社会。这个意见,当时被当成"思想问题"汇报给了辅导员。现在再回过头来看,当时这个发言正是我思考问题的起点。这,就是一个典型的思想产生的例子,却被当成"思想问题"。

思想是怎么产生的?它不按计划产生,思想产生和发育的最佳环境,是思想能够被使用,使用之后还能有回报。换句话说,思想也要通过"市场"调节,有需求有回报,就会促成思想的产生。所以,不是计划培养,就能培养出来一个思想家。

要产生思想家,关键的一点是给师生创造相对宽松的整体环境,让大家敢于思考,勇于思考,能够表达自己独立思考之后产生的思想产品,也就是不同的声音。而且这些表达能够得到相应保障,甚至可以成为自己可供考核的学术成果,受到各方认可,而不能成为考核不通过的证据。

思想的使用和技术不同,它相对来说应用得更广,不像一项技术只对应一项工作。可以说任何人从事任何工作,都需要应用思想,也正因此,大学里培育思想也不能仅服务于或者局限于"拔尖计划",而应该是服务于大学里的所有人。

思想广泛的使用价值决定了它受众的广泛，而优秀思想的产生也需要广泛的思想行为作为基础。仅仅在塔尖的一小部分人里集中培育思想，其效用几何，很难预测。

一般看来，只有让大家都习惯思考、产生思想，都能被思想所滋润，思想家才能从中脱颖而出，思想的氛围才能蔚然成风。我们不能继续踏步在没有思想、不能思想、不敢思想的境地中。

从这个角度来说，社会对高等教育最紧迫的需求，其实也是思想，而不是具体的某一种教学方案。有了思想以后，很多问题的解决就会有更开阔的思路、视野，很多问题就能得到有效解决。

所以，要把思想的拓展和培育，作为整个高等教育质量提升的一个基础性工作，而不仅仅是一个拔尖的工作。要让思想成为时时处处人人都可以进行、都能够享用的存在。这对于高等教育而言，比起关起门来专门集中培养少数思想家来说，意义更重大。

"走教"的产生显示高校体制改革还有更大空间

武汉探路高校教师"走教"的新闻受到广泛关注。据介绍，华中农业大学的教师"送课上门"，在中南财经政法大学开设"葡萄酒文化与鉴赏""蘑菇与人类生活""转基因食品与安全"等7门课程，涉及动植物、食品、生物学等领域；中南财经政法大学也将选派教师，在华中农业大学开设"当代中国政府治理之道""生活中的管理会计""国际大案"等10门具有鲜明学科优势和特色的通识课程。

武汉是中国高校较为密集的一个城市，面临与京、沪及珠三角高校的竞争。武汉的高校本身应该形成一个多所学校互补、多种教学需求相互满足的大环境。从大学产生的历史来看，有"学生大学"和"先生大学"两种：前者是指有共同学习需求的"学生"可以去聘请一个对应领域的"先生"。后者是指有某一门精深学问的"先生"可以去招收对这门学问感兴趣的"学生"。但在现行高校管理体制下，武汉高校的教师，其身份和岗位只能限定在某一所大学，这是当下的一个现实。在这样的环境下，通常会出现两种供求不能够衔接的情况。

其一，高校有自己的发展定位，但这种定位在某种程度上也成为一种制约。比如某些定位为文科高校，某些定位为理科或者工科高校。文科高校招聘的教师主要从事文科教学，而理科、工科高校拥有的则主要是理工科专业的教师。从高校的专业设置来说，这是有问题的。因为一个健全人的成长与发展，不能只局限于专业知识和能力。理工科教师需要具有人文知识和人文素养，文科教师也需要某一项理工类技能和理工科思维作为未来职业生涯发展的基础。而现有的高校管理体制和专业设置在满足这两种需求方面存在着一定的缺陷和体制性的分隔。

其二，对学生的身份与学业课程限定太多。在计划招生体制里，当学生被某所学校录取后，就只能在这所学校上课，而且课时通常排得很满，其中大部分为必修课，学生少有灵活支配的时间，也很少跨校听课。跨校听课，在二十世纪二三十年代是很常见的现象，在世界各国大学密集的城市也很常见，但如今在中国内地大学却很难见到，这主要是由于大学对学生身份归属的约束过多，大学生被安排的时间也过多，自主学习严重不足。

要从根本上改变上述两种状况，就需要从建设现代大学制度着手，建立开放、规范的大学学分制和选课制，在学校管理体制层面支持学校学科优势与学生需求的自主组合，如此也就没了"走教"的必要。但需要强调的是，课程设置要有专业积累，不能临时想开什么课就开什么课，而要经过专业评估，合格才能开，以保证课程的质量。

当下，现代大学制度建设面临许多阻力，在这种的情况下，要改变供求不能衔接的现状有两种选择：

一种选择是人文学科的高校可以在校内设置一些相应的讲座，开放地接纳听众。这在北大、清华都有过。比如，可以邀请多位教授针对同一个主题开讲，讲法与内容不同，以开阔学生的眼界，提高学生的综合素养。

另外一种选择就是出现在武汉的这种教师"走教"。教师"走教"，反映出的问题可能就是某些学校较多的学生有相同的学习需求，但学校又缺少相应的师资。要解决这个问题事实上也有两种方式，第一种方式是有某一主题学习需求的学校自行开设一些讲座。讲座的主讲人可以是某个一人，也可以是不同领域的不同教师，学生的受益面更广。第二种方式是拥有某种学科优势的高校自行举办讲座，比如一些高校曾经主办过人文讲堂、科学讲堂，提前宣传，本城市感兴趣的学生可以自主参加。

武汉在这个时间节点上出现"走教"，客观上是各高校在举办讲座上受到各种限制的一种反弹。讲座原本是大学中正常教学的一个重要组成部分，但由于讲座的时间、地点、主讲人、参与者等限制过多，从而造成主办方、主讲人、听讲者的积极性大为下降，使得讲座的教学功能难以发挥，也缺少替补，于是出现了"走教"。

整体来看，武汉高校出现的"走教"是大学知识学习供求不匹配的外显，从根本上解决这类问题，需要体制的改进和完善。"走教"是不同学校之间相互满足需求的一种方式，其在某种程度上显示学生的求学需求与教师服务学生的需求没有得到学校管理体制和机制的有效配合。如果说不同的高校都存在这种情况，那么，高校之间就可以寻求设立一些机制，促进自下而上的完善。拥有丰厚教学资源的学校，可以设置更多开放型的讲座，让其他学校的学生可以共享这些资源。

另外，在一所高校内部，也可以根据学生的需求设置一些讲座，交由学生主办，吸纳更多不同专业、不同方向的教师开讲。这样一来，能更加有效地服务学生。

现在很多高校还对"走教"实行着"严格管理"。所谓"严格管理"，就是在学校开设讲座需要层层审批，在哪间教室开、谁来出面主持等都要走很多繁琐程序，哪一个环节犹豫或迟疑都能让讲座"黄"掉。本来，大学开设各种各样的讲座是再平常不过的事，可以说多多益善。但这种管理却使得此事变得困难重重，以至于很多高校不能开设讲座。我在北师大读博期间任研究生会的学术部长，总共组织主持了40多场讲座，每次组织讲座先是了解研究生的需求，然后找相应领域里有专长的人来讲，都收到了很好的效果。但是现在，包括北师大、北大、清华，这类讲座都越来越少了。这很值得我们反思。

本应是常态的东西却没能够长期存在，现在出现的"走教"，从某种意义上来说只是一种非常态的临时性安排。这种"走教"事实上也只能够满足少数学生的部分需求，很难多角度地、灵活地充分满足学生的需求。学生的学习主动性依然未能充分发挥。从这个层面来说，我认为不能仅仅看到一个局部的点，而应建立相当于"空气"和"水分"的一种机制，让每一个学生都能够有机会获得多样性的学习资源来服务于自己的成长与发展，这也是完善高校管理体制的一个重要组成部分。

图书在版编目（CIP）数据

照亮成长：让教育更有智慧/储朝晖著.
—上海：华东师范大学出版社，2023
ISBN 978-7-5760-3822-4

I. ①照… II. ①储… III. ①高等教育—研究 IV. ① G64

中国国家版本馆 CIP 数据核字（2023）第 141574 号

大夏书系 | 教师专业发展

照亮成长：让教育更有智慧

著　　者	储朝晖
责任编辑	卢风保
责任校对	杨　坤
装帧设计	奇文云海·设计顾问
出版发行	华东师范大学出版社
社　　址	上海市中山北路 3663 号　邮编 200062
网　　址	www.ecnupress.com.cn
电　　话	021-60821666　行政传真 021-62572105
客服电话	021-62865537
邮购电话	021-62869887
地　　址	上海市中山北路 3663 号华东师范大学校内先锋路口
网　　店	http://hdsdcbs.tmall.com/
印 刷 者	北京密兴印刷有限公司
开　　本	700×1000　16 开
印　　张	14.5
字　　数	222 千字
版　　次	2023 年 9 月第一版
印　　次	2023 年 9 月第一次
印　　数	5 100
书　　号	ISBN 978-7-5760-3822-4
定　　价	62.00 元
出 版 人	王　焰

（如发现本版图书有印订质量问题，请寄回本社市场部调换或电话 021-62865537 联系）